統合欧州の危うい「いま」

「中央」が失われた経済と右傾化する政治

浜 矩子

詩想社
― 新書 ―

はじめに

新型コロナウイルスが猛威を振るう中で、本稿を執筆しています。全人類を震撼させているこの惨事は、統合欧州の求心力にも大きな楔を打ち込みつつあります。

筆者が本書の構想を練っていた段階では、もとより、このような状況が襲ってくるとは夢想だにしていませんでした。ただ、その段階でも、EU（欧州連合）の結束には実は重大な亀裂が走りつつありました。だからこそ、本書の企画も持ち上がっていたのです。筆者は、日頃からEU懐疑派です。筆者のEUバッシングは今に始まったことではありません。しかしながら、本書を構想している時点でのEU情勢には、そんな筆者でさえ少々ショックを受けるような危うさがありました。イギリスはEUを出ていくことを決意する。多くの国々で、国家主義者たちが反EUの気炎を上げる。統合欧州の要に位置する独仏枢軸に、足並みの大きな乱れが生じる。独仏関係には、これまでも様々なさざ波が立ってきました。しかしながら、ドイツのアンゲラ・メルケル首相とフランスのエマニュエル・マクロン大統領の間で顕現した姿勢の相違は、これまでの波風とは一味も二味も違う次元のものでした。

EU内の「南北」対立も深まっていました。南欧のイタリアやスペインに対して、北欧のドイツやオランダやスカンジナビア諸国がそのルーズな財政規律を非難する。すると、南欧諸国は、北欧側のケチケチ主義がEU経済の足を引っ張り、自分たちを窮地に追い込んでいるのだと逆襲する。新たな「東西」対立も表面化していました。旧ソ連圏の東欧諸国は、艱難辛苦を乗り越えてEU加盟条件をクリアした。ところが、入ってみれば何かと干渉される割には恩恵が少ない。どうかすれば、イタリアやスペインへの財政支援に駆り出される。こんなことなら、イギリスに倣ってEUからエクジットしたほうがいいかもしれない。そんな雰囲気が高まる東欧圏では、ハンガリーとポーランドを中心に、独裁的国家主義者たちが台頭してくる。それに対して西側諸国が警戒を強めて、東西分断の様相が深まる。

このように不穏な空気が充満していく中で、新型コロナ問題が突発したのです。そのおかげで、この不穏な空気が一気に膨れ上がり、拡散するに至った。これが、今の統合欧州の姿です。新型コロナウイルスと合体して、分断と対峙のウイルスが統合欧州の精神性をどんどん蝕んでいく。そのような光景を、今、我々は目の当たりにしています。

２０２０年４月17日、英経済紙の『ザ・ファイナンシャル・タイムズ』にマクロン仏大統領とのロング・インタビュー記事が掲載されました。新型コロナ対応でいかにＥＵが結束しなければならないか。いかに結束できていないか。この状況の中で、ＥＵとしての連帯をいかに守っていくのか。いけるのか。これらのことを中心に、統合欧州の今とこれからについて、マクロン節が熱っぽくこだまする内容でした。その中に、次のくだりがありました。

「今、我々は真実の瞬間を迎えています。ＥＵは政治的プロジェクトなのか、単なる市場づくりプロジェクトなのか。それを決定しなければなりません。私は政治的プロジェクトだと考えています。（"We are at a moment of truth, which is to decide whether the European Union is a political project or just a market project. I think it's a political project…" 翻訳筆者、以下同様)

これを読んだ時、筆者は直ちにもうひとりの欧州人が残したもうひとつの言葉を思い出しました。次の通りです。

「欧州共同体のビジネスは政治である。ビジネスではない。("The business of the European Community is politics, not business")」

この場合、最初の「ビジネス」は仕事あるいは責務の意です。2番目の「ビジネス」は文字通りのビジネス。ビジネスマンのビジネスです。この発言は、現欧州委員会の前身、欧州経済共同体(EEC: European Economic Community)委員会の初代委員長となったドイツ人、ウォルター・ハルシュタインのものです。1958年から1967年にかけてこの地位についていました。欧州統合の歩みの本格的出発点となったのが、ローマ条約です。そのローマ条約の締結が1957年のことでした。その翌年に発足したEEC委員会の初代委員長がこのように言っているのです。つまり、欧州統合は、その発足時点において、明確に政治的プロジェクトとして意識されていたのです。

ところが、ハルシュタイン氏のEEC委員長就任から60年余りが経過した2020年というこの時に、マクロン大統領が、今こそ、EUは政治的プロジェクトなのか経済的プロジェクトなのかを決断しなければならないとあらためて力説しているのです。

このことの中に、この統合欧州という存在の本質的な問題が滲み出ている。筆者にはそのように思えます。

ハルシュタイン委員長が言っていることは、要するに欧州統合が目指すところは政治統合なのであって、経済統合ではないのだということです。経済的利益を追求して統合するのではない。政治的一体化を目指して統合するのである。ハルシュタインは、このことを欧州統合の基本理念として確立したかったのです。しかしながら、この理念を大々的に掲げることは、そう容易なことではありませんでした。ほんの少し前まで戦い合っていた枢軸国側と連合国側が、ひとつの政治的共同体を形成する。それに向かって突き進んでいく。このような「プロジェクト」に対する人々の合意を取りつけることは、そう簡単にはできません。そのため、この道を進めば経済的にいいことがある、豊かになれる、楽になれる、という論法がとかく前面に出がちとなったのです。

昨日までの敵同士が、今日からずっと友でいく。そのための欧州統合だということを、欧州統合の推進者たちは、もっと怯《ひる》み無く、もっと決然と、一貫して人々に訴えかけてくるべきでした。たとえ経済的利益がなくても、経済的な犠牲を払うことになっても、欧州の地で二度と戦禍が生じないためには、統合欧州のビジネスはビジネスではなくて政治でなければならない。この姿勢を貫いて今日に至っていれば、パンデミックという戦慄の災禍に見舞われた今こそ、EUは輝かしき共生の構図を世界に示せていたはずです。

ところが、ややもすれば、実は政治的プロジェクトであるものに経済的プロジェクトの隠れ蓑を着せて、人気取りをしようとしてきた。政治的狙いのために経済を手段化してきた。このことが、今のＥＵの脆さと危うさにつながっているのだと考えるところです。

その意味で、ＥＵにとって今が真実の瞬間だというマクロン大統領の認識は正しいのだと思います。実は政治的運命共同体化を目指しているのに、表向きは市場と経済の広域化・巨大化による富と繁栄を追求している格好を取る。これでは、富と繁栄がもたらされず、犠牲と我慢を強いられた時、統合欧州としての求心力など吹き飛んでしまうのは当然です。

ただ、事ここに至り、真実の瞬間を迎えている時、あらためてＥＵを政治的プロジェクトだと決めつけ切ってしまって本当にいいのでしょうか。政治的プロジェクトとして再認識するとしても、問題は、どのような政治的プロジェクトとして受け止めるのかということです。国々の主権を徹底的に集約し、中央集権制の強い欧州合衆国を目指す。マクロン大統領はこのイメージを強く抱いているようですが、それでいいのでしょうか。筆者は、この考え方には懐疑的です。それぞれに固有の独自性を持つ多くの国々を、ひとつの統一的・画一的な器の中に封じ込めようとすれば、そのことに対する反発がかえって連帯を阻みます。

EUには共通の公式モットーがあります。それが、"United in Diversity"です。「多様性の中の統合」です。EU加盟各国の若者を対象とした公募の結果、これが選ばれました。2000年から使われています。素晴らしいモットーだと思います。ですが、これがどこまで今日のEUの現実になっていると言えるでしょうか。その実態は、むしろ、"Divided in Unity"すなわち「統合の中の分裂」になってしまっている。筆者にはそうみえます。そうみえる度合いが日に日に高まっていくように思います。分裂を回避しようとして統合度を高めようとすればするほど、多様性が脅かされる。すると、自分らしくあることを否定されたと感じる人々の憤懣《ふんまん》が募り、分裂が深まる。この悪循環に陥っているようにみえてなりません。

真実の瞬間のこの時、どうすればEUはUnited in Diversityを実現できるようになるのか。この問いかけを念頭に置きつつ、統合欧州の危うい「いま」について考察していきたいと思います。お付き合いいただければ幸いです。

統合欧州の危うい「いま」◎目次

第2章

独仏枢軸の中道政治は持ちこたえられるか

第3章 健全経済の北欧に広がる中道政治の極右化

カバーデザイン　小口翔平（tobufune）
校正　菽原企画

第１章

ポピュリズムとナショナリズムが塗り変えたEUの政治経済風景

EUの今日的風景画

今日のEUを風景画にすれば、どんな構図でどんな色調の絵になるでしょうか。構図はかなり歪んだものになりそうです。シュールレアリズムの巨匠、サルバドール・ダリの作品のように、グニャグニャになるはずがないものがグニャグニャしていたりするかもしれません。マウリッツ・エッシャーのだまし絵のように、いつのまにか、裏が表になっているかもしれません。色調はかなりダークなものになりそうです。フランシスコ・デ・ゴヤの「黒い絵」シリーズのようになってしまうかもしれません。新型コロナ対応のロックダウンの中では、EUの風景画はすっかり人影まばらで人々の距離が遠く、空っぽ感が著しいものになりました。ですが、欧州人たちの心の中の風景画は、実はそれ以前から既にお互いの距離が遠く、共生感に乏しいものになっていたかもしれません。

本書では、こうしたＥＵの今日的風景画の全体像を描出してみたいと思います。やれ、ダリだゴヤだと巨匠たちのお名前を書き連ねてしまった上で、筆者が僭越にも「描出」するもないものだ。我ながらそう思いつつ、それでもなお、チャレンジしてみたいと思います。まず、本章では、今のＥＵの風景画をその大枠において特徴づけている政治状況とその経済的背景に注目します。具体的には、ポピュリズムとナショナリズムという２つの要因がＥＵの政治的風景をどう揺り動かし、どう変化させているかを考察していきます。このプロセスを通じて、風景画の全体的輪郭が粗いタッチでざっくりみえてくることを目論んでいます。

それがみえてきたら、次章以降では、この輪郭の中の要所要所に個別風景を描き込んでいきたいと思います。一連の描き込みを終えたところで、首尾良くＥＵの今日を示すリアルな風景画ができ上がっていることを祈りつつ、進んでいきたいと思います。リアルさを追求すればするほど、シュールな画像になっていきそうな気もしますが、それが実際に今日のＥＵの実像なのかもしれません。では、参ります。

風景画を歪ませ黒々しくするもの

「はじめに」でご紹介したマクロン仏大統領へのインタビュー記事の中で、彼は次のようにも言っていました。

「グローバル化は確実に成果を上げてきた。全体主義者が一掃されたし、30年前にはベルリンの壁が倒れた。…何億人もの人々を貧困から解放した。だが、ここ数年は、先進諸国における格差拡大をもたらすようになった。次第に、これまでのようなグローバル化のサイクルが限界に近づいていることが明らかになった。グローバル化は、いまや、民主主義を崩壊させ始めている」

この問題は、まさにグローバルな問題です。「これまでのよう」ではないグローバル化とは何か。貧困と格差の深化が民主主義を脅かす。そのような事態をもたらすことのないグローバル化とは、どんなグローバル化なのか。そのようなグローバル時代は、どんなグローバル時代なのか。新型コロナウイルスとの闘いが全人類的な課題であるのと同様に、民主主義を蝕む心性ウイルスとの闘いも、間違いなく、全人類的課題です。

ただ、ＥＵの場合には、ＥＵに固有の事情がこの闘いをさらに一段と切迫感の強いものにしていると考えなければなりません。その固有の事情が、実はＥＵという存在そのものだ。筆者はそのように考えています。ＥＵの今日的風景画が歪んでダークなものになるのは、ＥＵという枠組みそのものに対して、人々の屈折したどす黒い憤懣が募っているからです。彼らの中では、グローバル化とＥＵが二重写しとなって、自分たちの生活にのしかかり、暗い影を投げかけています。ＥＵがあるから、グローバル競争に打ち勝てそうな強き者たちばかりが脚光を浴びる。ＥＵがあるから、そうした強い者たちの論理ばかりがまかり通って、弱き者や貧しき者たちへの手当が希薄になる。弱き者たちばかりが我慢を強いられる。切り捨てられていく。このような一連の思いが欧州人たちの間に広がり、ＥＵの風景画の構図をひん曲げ、色調をダークに染めていくのです。ですから、欧州統合の旗振り役たちは、グローバル化の正しいあり方とともに、欧州統合の正しい進め方についても、同時進行的に考えていかなければなりません。その意味で、全人類の中でも、ことのほか、重い荷を背負っているわけです。

実際に、マクロン大統領もこのことを強く意識しているようです。先のインタビュー記事の中の記者による地の文に次のくだりがあります。

「マクロン氏は、ＥＵとユーロ圏について特に懸念を抱いている。自分の主張を強調すべく、何度も両手で机を叩きながら、マクロン氏は、ドイツやオランダのように豊かな国々が、パンデミック対応にあえぐ南欧諸国にもっと連帯を示さなければ、ＥＵも単一通貨ユーロも存続が危ういと語った」

新型コロナ対策を巡るEU内の対立については、後ほど具体的な状況をみていきます。そこにも、EUの風景画を湾曲させ、暗いものにしている力学の性格がくっきりと表れています。

人々の不安と不満に向かって伸びる2本の手

何としてでも、統合欧州の存立の危機を乗り切る。マクロン大統領のこの気概は、立派です。前述の通り、筆者は、EUの存在そのものこそ、欧州人たちの真の共生を邪魔立てする厄介者だと考えています。ですが、欧州統合の理念そのものにケチをつけるつもりは、毛頭ありません。欧州の地において恒久和平を揺ぎ無きものにする。そのために、「欧州よ、統合せよ」と呼びかけたのが、ウィンストン・チャーチルでした。1946年のことです。チャーチルがチューリッヒ大学で行った講演の中に、この呼びかけが含まれていました。彼のこの呼びかけにも、それに呼応した大陸欧州の論者や政策責任者たちにも、称賛が送られるべきです。

問題はEUの仕組みです。国々を統一ルールの下に置き、画一的な政治経済運営を求める。この体制の下では、国々は、思うように自国の人々のために動けない。自国民の要請に応じることができない。手助けを求める声に応じられない。このことが人々の不安と不満の温床となっていきます。こうなってくると、その温床を利用して、自分たちが目指す方向に世論と社会を誘導しようとする者たちが出現してきます。彼らの全てがEUの風景画を損なう人々だとは、必ずしも、言えないでしょう。ですが、彼らの出現が風景画のバランスを崩し、不安定なものにしていることは間違いありません。このアンバランスが次の新たなバランスにつながるものなのか。新たな安定をもたらす不安定なのか。さらに一段の不安定をもたらす不安定なのか。ここが重要なところです。

ここで、アンバランスをもたらしているのがどんな人々なのかということについて、整理しておきたいと思います。この作業が、EUの今日的風景画を描き出すための第一歩です。なぜなら、この風景画の構図と色調は、多分に彼らの存在によって規定されるようになっているからです。

この作業を進めるにあたっては、目を向けるべきキーワードが2つあります。それらが、ポピュリズムとナショナリズムです。ポピュリズムは「大衆迎合」。ナショナリズムは「国家主義」。このように訳すのが定番的やり方です。ですが、ナショナリズム＝国家主義はひとまずいいとして、ポピュリズム＝大衆迎合には、筆者は少々異論があります。なぜなら、この大衆迎合という言葉には、いかにも、大衆とは低次元な人々で、彼らに調子を合わせるのは低俗なことだというニュアンスが漂います。大衆を見下している観があります。これでは、ポピュリズムの特徴と問題性を正確に捉えることができません。筆者は、「大衆迎合」はやめて「大衆扇動」にしたほうがいいと考えています。これを申し上げた上で、ここでは、ポピュリズムとナショナリズムというカタカナ語をそのまま使うことにしたいと思います。カタカナ語は、きちんと日本語化する。これが筆者の基本方針なのですが、この場合には、例外的にカタカナ語のままでいきたいと思います。EUの今日的風景画の特性をつかむには、このほうが話を進めやすいと思われるからです。

まずは、この2つの言葉の関係を整理しておきたいと思います。この両者は、ややもすれば、同義語だと思われたり、混同されたりします。全てのポピュリストはナショナリストで、全てのナショナリストはポピュリストだ。そのように考えられがちです。これは間違いです。両者が重なる領域はありますが、両者は同じものではありません。ただ、両者に共通点はあります。それが二分法です。世の中を「我ら」と「やつら」に二分割して、「やつら」を敵視する。ポピュリズムもナショナリズムも、このやり方で人々に働きかけます。ただし、誰が「我ら」で、誰が「やつら」なのかは両者で異なっています。

ポピュリストはエリート嫌い

ポピュリズムの場合、「我ら」が「大衆」で「やつら」は「エリート」です。誰をエリートとみなすかは、ポピュリストによって様々です。いわゆる主流派の大物政治家や高級官僚。ビッグビジネスの経営者。富裕層。インテリ層。前衛芸術家たち。大衆とは無縁で、大衆を見下していると思われる連中。それが、ポピュリストにとってのエリートたちです。ポピュリストの目からみれば、マクロン大統領は典型的なエリートです。有名校で高等教育を受け、高級官僚に就任し、投資銀行に転職し、大臣を務め、大統領になった。こんな具合にエリート街道を突っ走ってきたやつに、庶民の思いや苦しみが解るわけがない。それがポピュリスト的見解です。

ポピュリストはエリートによる大衆いじめをやめさせる。エリートによる差別から大衆を守る。大衆の意思に沿って世の中が動くようにしていく。これらのことを実現するのが、ポピュリストの役割だ。ポピュリストは人々の意思の代弁者である。これがポピュリズムの論理です。

こうしてみる限りでは、ポピュリズムも悪くはなさそうです。事実、他意なきポピュリズム、下心なきポピュリズム、純粋に世のため人のために立ち上がろうとするポピュリズムが、内在的に悪だと決めつけることはできません。それどころか、そのようなポピュリズムこそ、最も純正の民主主義だ、あるいは最も本質的な人本主義だと言えるでしょう。ですが、ここで肝心なのが、この「他意なき・下心なき・純粋な」です。果たして、この3条件を完全に満たしているポピュリストは、今の世の中に存在するか。ひょっとすると、アメリカのバーニー・サンダース上院議員がそうかもしれないなという気はします。次章以降でみるEU内のポピュリズム政党の中にも、それに近い心がけの人たちがいるかもしれません。ただ、総じて言えば、やはり、なにがしかの他意や下心がある場合が多そうです。そうした現実についても、次章以降で個別的にみていきたいと思います。

ナショナリストはよそ者嫌い

ナショナリズムのほうに進みましょう。ナショナリズムにおける「我ら」は、「身内」です。「やつら」は「よそ者」です。ポピュリズムにおいて「エリート」の顔ぶれが多様だったのと同様、ナショナリズムにおける「よそ者」も様々です。移民。難民。異教徒。異民族。異邦人。外国人。等々々。こうした「身内」と異なる者たちが、全て「よそ者」です。それに加えて、ナショナリズムの観点から決して見過ごせない「よそ者」のカテゴリーがもうひとつあります。それは、国家の存立を脅かす者たちです。ナショナリズムは国家主義です。国家主義を辞書で引けば、「国家を全てに優先する至高の存在あるいは目標と考え、個人の権利・自由をこれに従属させる思想」となっています。つまり、この思想に従わない者は全て「よそ者」として排撃されることになります。人権活動家。市民運動家。労働運動家。反体制ジャーナリスト。野党。反権力的議会。独立した司法。言論と表現の自由を主張する芸術家たち。等々。

国家主義には、様々な隣接概念があります。さしあたり、国粋主義、全体主義、独裁政治、排外主義、ファシズム、ナチズム、愛国主義などが頭に浮かびます。国家主義者が他国に対する自国の優越性を振りかざすようになると、国粋主義者になります。国粋主義者は、自国の優越性が侵害されること、損なわれることを恐れます。気高き血が汚されることにおののきます。ですから、彼らは排外主義者になります。

国粋的で排外的な国家主義を貫くには、全体主義体制が効率的です。全体を個の優位におき、人々の自由を制約することで規律を保つ。このやり方で国粋と排外を確かなものとするのです。そして全体主義体制を上手く機能させるには、独裁政治がいちばんです。ファシズムやナチズムは、徹底した独裁政治の下で全体主義体制を確立した典型例です。今日の北朝鮮もこうした状況下にあると言っていいでしょう。これも次章以降で取り上げますが、ＥＵ内ではハンガリーがこの状態に急接近中です。

愛国主義は、端的にいえば国家主義者の隠れ蓑です。祖国を愛する。郷土を愛する。同胞を愛する。この純なイメージで全体主義的国家主義を包み隠す。国粋主義を郷土愛にすり替えるのです。２０１７年５月、マクロン氏が勝利した仏大統領選の折、国家主義政党の国民戦線（現国民連合）を率いてマクロン氏に対抗したのが、マリーヌ・ルペンでした。選挙戦が終盤に向かう中で、ルペン候補が「今や右翼も左翼もない。あるのは、グローバル対愛国の対峙のみだ」と言って国粋と排外の方向に向かって有権者を引き寄せようとしました。それに対して、マクロン氏はすかさず反撃に出て、「対峙しているのはグローバルと愛国ではない。対峙しているのは愛国と国粋だ」と主張しました。

この反論には、いたって正当性がありました。ポピュリストたちが目の敵にするだけあって、マクロン氏は確かにエリート臭がプンプンします。その傲慢さと有無を言わさないトップダウンぶりが、反感を買う人です。確かに、どこまで庶民の痛みが解る人であるかには疑問が残ります。ですが、あの時のルペン氏への逆襲は実にいいところを突いていたと思います。過激な国家主義者の目くらましのベールをなかなか見事に剥いでみせたと評価していいでしょう。

ポピュリズムとナショナリズムが出会う時

以上、ポピュリズムとナショナリズムをそれぞれ別個に検討しました。次いで、両者を俯瞰的にみてみたいと思います。「鳥の目」視点から両者の関係をざっくり図示することを試みたところ、図1のようになりました。政治学の専門家の鑑定に耐えるものかどうかははなはだ疑わしいですが、何はともあれ、考え進んでみたいと思います。

まずは、ポピュリズムとナショナリズムが重なり合う領域に注目します。この領域を「ポピュリズム型ナショナリズム」と命名してみました。「極右ポピュリズム」領域と言い換えてもいいと思います。ここは、ナショナリストたちがポピュリストに変装している領域です。「大衆対エリート」の対決構図の中で、大衆の肩を持つ。

図−1　ポピュリズムとナショナリズムの相互関係

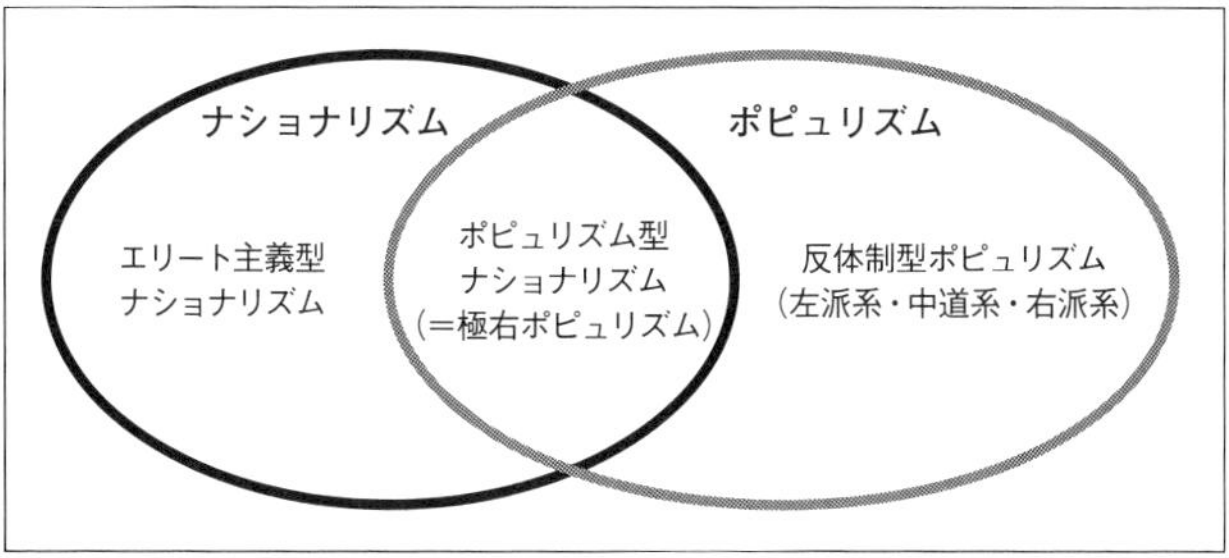

弱きを助けて強きを挫く。このポーズを前面に打ち出しながら、人々を国家主義の世界に引きずり込んでいく。これがポピュリズム型ナショナリズムの手口です。これは、なかなかタチが悪い。このポーズを取る輩にうっかりついていってしまうと、人々は、ふと気がつけば、この図の中の「エリート主義型ナショナリズム」の世界に誘導されてしまっている。そういうことになる恐れが濃厚です。

エリート主義型ナショナリズムの究極的な姿を描いているのが、反骨の小説家ジョージ・オーウェルの代表作『1984年』です。その主人公、ウィンストン・スミスが住む全体主義国家「オセアニア」においては、社会は一握りの支配階級と多数の隷属階級に二分割されています。隷属階級である「プロール」たちは徹底的に差別され、侮蔑され、ほぼ放し飼いの家畜扱いをされています。その状態の下で、彼らは徹底した「愛国」を叩き込まれるのです。このようなエリート主義型ナショナリズムをあからさまに標榜すれば、さすがに、まともな感性を持つ人々には忌避されます。ですから、極右排外主義者たちの多くが、ポピュリズム型ナショナリズムのポーズを取ります。この領域は、大いに注意を要する危険地帯です。

ポピュリズム側で、ナショナリズムと合体していない領域については、ネーミングがなかなか悩ましいですが、ご覧の通り、「反体制型ポピュリズム」としてみました。ここで言う反体制は、英語の「アンチ・エスタブリッシュメント」のイメージです。「エスタブリッシュメント」は確立された権力あるいは確立された統治機構の意です。それに異を唱えて改変を迫る。それが反体制という構えです。ですから、体制側が右派であっても左派であっても、そのいずれでもなくても、反体制は成り立ちます。裏返せば、このタイプのポピュリズムは左派陣営においても、右派陣営においても、中道陣営においても成り立ち得るわけです。実際にも、反体制型ポピュリストの中には、現体制に対してアンチであることは明らかだが、自らの思想性が左右両翼間のどの辺りに位置しているかは必ずしも明確ではない、という人々が存在します。彼らの顔ぶれについても、次章以降でみていきます。

この領域に属するポピュリズムは、前述の「他意なく、下心なく、純粋な」の３条件が満たされれば、かなりまともな社会変革の惹起《じゃっき》要因となれるはずです。ですが、これも既述の通り、現実問題としてはなかなかこの３条件が完璧に揃うことはありません。多くの場合、彼らの運動は、旗振り役の私利私欲や自己実現願望、あるいは思い込みの激しさに基づいて展開されます。そうした運動に不用意についていってしまうと、ふと気がつけば、「こんなはずじゃなかった」と嘆く場所に連れていかれてしまっている。そういうことになりかねません。少なくとも、反体制型ポピュリズムの中には、常にこの危険性が潜んでいると考えておくべきでしょう。

崩れ行く中道主導の黄金律

ポピュリズムとナショナリズムという2つのクラスターが出現したことで、これまで長らくEU内の政治を規定してきた構図は大きく揺らぐことになりました。従来型の構図は図2に示した通りです。まずは、何と言っても左派と右派への二分割が基本的な枠組です。1990年代からはEU内の政党も多様化が進み、各種の単一課題を追求する「ワン・イシュー（one issue）政党」も出現するようになっていましたが、それらも、総じて言えば、左右両派のどちらに属するかがはっきりしていたと言えるでしょう。そして、左右いずれの陣営においても、大きな存在感を誇っていたのが中道派です。穏健派と言い換えてもいいでしょう。左右両極からみれば、軟弱派ということになりますね。ご覧の通り、両陣営とも、中道の円は

図－2　従来型EU政治の基本構図

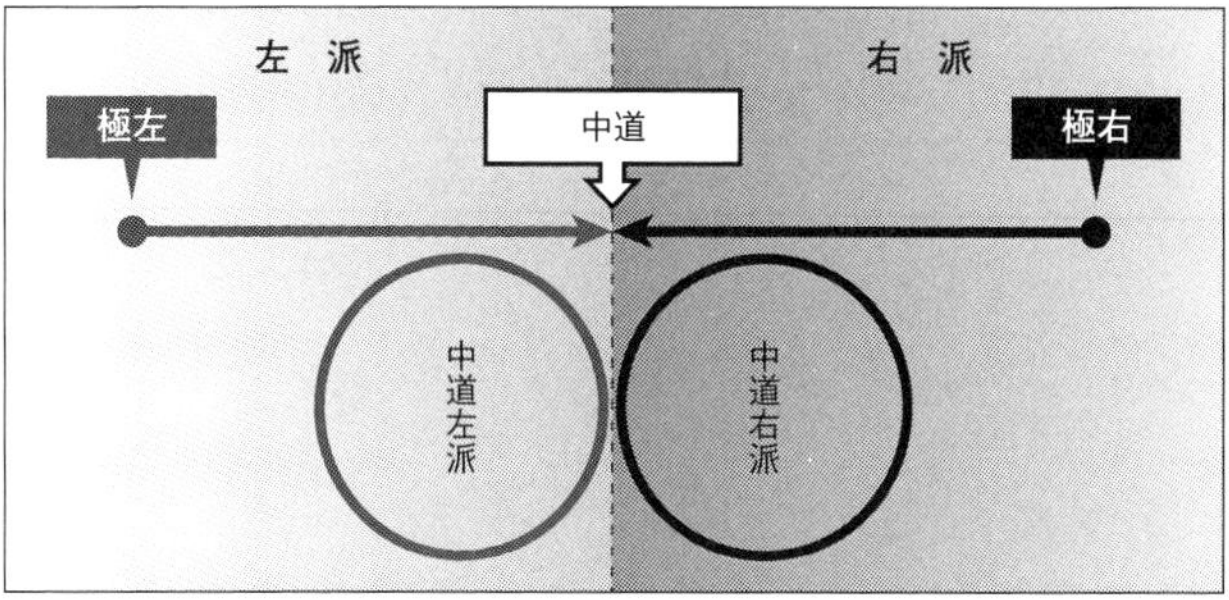

大きく、その輪郭線は力強い。さらには、左右両極から遠ざかって中道ラインに近づけば近づくほど、両陣営とも色調が濃くなって密度が高まる。そういうグラデーションになっていたのです。

中道左派は、どちらかといえば社会民主主義的なアプローチに基づいて、政治のあり方と政策選択を考える。中道右派においては、どちらかといえば市場原理主導型の経済の力学が重視され、政治と政策はそのアシスト役を演じる位置づけになる。いずれにせよ、中道ゾーンである限りにおいて、左派側であろうと右派側であろうと、「基本的人権・民主主義・自由」の3点セットは何があろうと守り抜くべき聖域です。法の支配も不可侵です。これらの構えを共有する2つの中道が堅固で分厚い。広範な支持

図－3　従来型政治模様へのポピュリズムとナショナリズムの影響

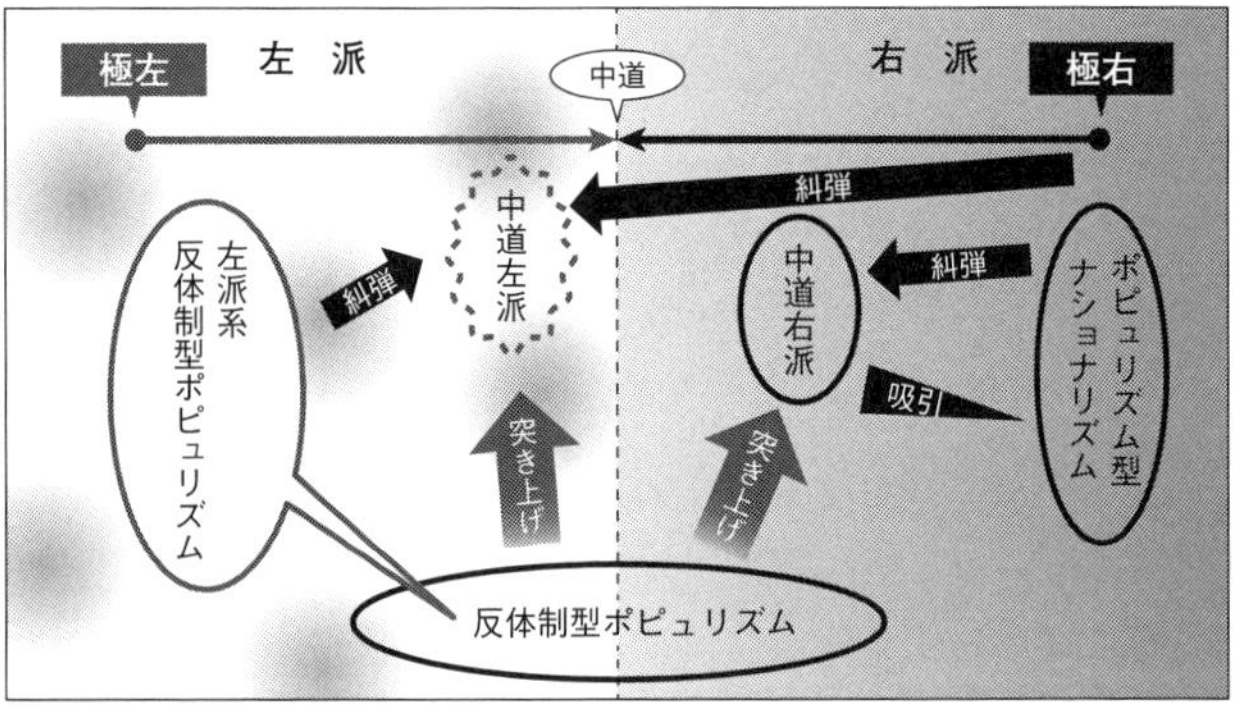

を得ている。この構造が、欧州流の政治的安定とリベラルな民主主義の貫徹を保障してきたのです。

　ところが、ポピュリズムとナショナリズムの両クラスターがムクムクと立ち上がってきてしまったために、この黄金律に大きな変調が生じています。その様子の図示を試みたのが、図3です。

　何が起こっているのかを、順次、みて参ります。まず、図2に比べると、図3では、左派と右派の境目の破線を指し示す「中道」の矢印型ボックスがすっかり縮んでしまい、輪郭線も角が取れてちまっと丸っこくなり、迫力がなくなっています。ポピュリズムとナショナリズムの派手な台頭に小突き回されて、中道と言える領域自体の存在感が薄まり、曖昧化してしまっている。この点をまず押さえておく必要があると思います。

こうなってしまったことに伴い、左派側でも右派側でも、当然ながら中道集団がぐっとダウンサイズしてしまいました。多くの国々の選挙で左右両中道派が票を大量に失い、痩せ細ることになりました。

この全体状況を踏まえた上で、まず、右派側に注目しましょう。中道右派は、下からは反体制型ポピュリズムの突き上げを受けます。これまでのEU的政治構図の中では、中道派はまさにエスタブリッシュメントそのものでした。中道派がエスタブリッシュメントであり、体制の軸心に位置づいている。それが従来型安定の基本骨格でした。このエスタブリッシュメントが、左右への二分割線のどちら側に位置しているかは、国によって異なる。しかしながら、彼らが政治的サラブレッドのポジションにつけているエリート集団であるという点には、変わりがない。だから、「大衆対エリート」の対決構図を打ち出す反体制型ポピュリストたちからは、おのずと激しいバッシングを受けることになる。

これに加えて、中道右派の場合には、ポピュリズム型ナショナリストたちが難敵となりました。もちろん、彼らから激しく糾弾されるということはあります。ですが、それだけではありません。エリート主義型ナショナリズムに対しては拒絶反応を示す有権者たちも、日頃からエスタブリッシュメントの人々による政治政策運営には不満を抱いている。だから、エスタブリッシュメント批判を前面に出しながら、愛国と排外への誘導をかけてくるポピュリズム型ナショナリストたちの働きかけには、気をそそられるものがある。

このような心境に陥った有権者の票は、中道右派の手中からどんどん漏れ出すようになりました。それを食い止めようとすれば、中道右派は、自分たちの主張を次第にポピュリズム型ナショナリストたちのスローガンに近づけていかなければならない。つまり、ポピュリズム型ナショナリストたちの本源的な立ち位置である極右の方向に向かって、どんどん吸引されていくことになったのです。然らずんば死。この窮地に立たされて、程度の差はあれ、多くの国々の中道右派エスタブリッシュメントが、ポピュリズム型ナショナリストたちに近いポジションに向かって移住し始めたのでした。このことを反映すべく、図3においても、右派側のグラデーションを図2と逆にしてあります。中道線に近いほうの色が薄くなり、極右に近づけば近づくほど、色彩の厚みが増す関係になっています。

中道右派の悩みは深いものです。中道性を失うわけにはいきません。それはアイデンティティの喪失です。中道ではなくなった中道には、独自の価値がありません。しかしながら、中道性にあくまでもこだわれば、存立の危機に陥る。存立基盤への固執が存立基盤の崩壊につながる。このジレンマからどう脱出するのか。できるのか。彼らの悶絶がEUの風景画の屈折とダークさを深めます。

風景画の中から左派が消えていく

左派側に目を移しましょう。こちら側でも、反体制型ポピュリズムの突き上げとポピュリズム型ナショナリズムによる糾弾が厳しいことは、右派側と同様です。ただ、存立の危機という意味では、中道左派側のほうが状況は深刻だと言えそうです。ご覧の通り、左派側では、反体制型ポピュリズムの中から特に左派系がにょきにょきと突出してきています。彼らが第三の攻撃手となって、中道左派にアタックをかけているのです。

彼らは従来型の極左とは肌合いが異なります。社会主義国家や計画経済体制の樹立を目論んでいるわけではありません。暴力的な革命を起こそうとしているわけでもありません。彼らは顔ぶれも主義主張もなかなか多様で、その目指すところを一元的に整理することはなかなか困難です。それを承知の上で、少々強引にこの人たちを一括して特徴づけてしまうとすれば、彼らは、要するにまともな社会民主主義の実現を求める者たちだということになりそうです。その限りでは、彼らが前述の「他意なく、下心なく、純粋な」の3条件を満たしていれば、かなりまともな世直し集団になれるかもしれません。先ほど来、申し上げている通り、現実問題としてこの辺がどうなっているかについては、次章以降で検討します。それはそれとして、ここでは、彼らの糾弾が中道左派にとっては相当にこたえるものだという点を確認しておきたいと思います。

ＥＵ内の中道左派陣営は、１９９０年代にかなり一世を風靡しました。その原動力となったのが、「第三の道」路線でした。資本主義ではない。だが、社会主義でもない。過度に弱肉強食的にはならない。だが、分配至上主義にもなり過ぎない。規制緩和や労働市場への競争原理の導入、公共サービスの民営化などを通じて、経済活動の活性化を実現する。このように、かなり社会民主主義的ではない方向に行動原理を切り替えました。そのことによって、１９８０年代を通じて、イギリスのサッチャリズムとアメリカのレーガノミックスに奪われた政治的失地の挽回を図ったのです。この「第三の道」の象徴的存在が、イギリスのトニー・ブレア元首相でした。彼が打ち出した「ニュー・レイバー」路線のおかげで、英労働党は1997年に政権の座に返り咲くことができました。18年ぶりの快挙でした。ドイツの社会民主党政権を率いたゲアハート・シュレーダー元首相も、「第三の道」の強力な旗振り役でした。

ブレア氏やシュレーダー氏の路線変革によって、EU内の社会民主主義政党たちは従来よりもぐっと中道寄りのポジションに陣取ることになりました。そのことによって、久々に選挙に勝てるようになったのです。ところが、いまや、この「第三の道」が格差と貧困をもたらし、大衆の生活を困窮させ、人々を不幸にしている。これが左派系反体制型ポピュリストたちの主張です。彼らは今日的中道左派の堕落をなじり、大衆に対する裏切り者として告発し、グローバル資本の回し者呼ばわりします。弱きを助けるはずが、弱きを切り捨てる側に回ってしまった。弱きを助けるために財政出動が必要な時なのに、欧州委員会やIMFの言うことばかり聞いて、緊縮財政に固執するとは何事か。この「反緊縮」の声も、左派系反体制型ポピュリズムの十八番《おはこ》となりました。

と、ここまで書いたところで、またしても、ジョージ・オーウェル先生のもうひとつの作品が頭に浮かびました。『動物農場』です。ある農場で家畜たちが革命を起こします。農場主を追い出して、動物だけの理想の共和国を構築するのです。そこにおいては、「全ての動物は平等なり」がみんなのスローガンです。ところが、革命を主導した豚さんたちが、徐々に大きな顔をし始めます。次第に動物共和国のエリート層になっていきます。エスタブリッシュメント化して、他の動物たちを支配するようになります。そして、ある日、他の動物たちは、「全ての動物は平等なり」のスローガンに変化が生じていることに気づきます。「全ての動物は平等なり。だが、一部の動物はより平等なり」。この新スローガンの下で、豚さんたちはやがて洋服を着るようになり、二足歩行するようになり、ついには、人間と杯を交わすようになってしまうのです。この時点で、他の動物たちには、豚と人間の見分けが全くつかなくなるのでした。左派系反体制型ポピュリストたちには、きっと、既存の社会民主主義政党がこの豚さんたちのようにみえているのでしょう。

左派系からの攻撃に対して、既存の中道左派組は、なかなか、効果的な逆襲に出ることができないまま推移しました。その理由を、まず中道左派側からみていけば、そこにあるのが、一に後ろめたさ、二に未練がましさだと言えると思います。

一の後ろめたさは、自分たちの中にも、実は「第三の道」に踏み込んだことへの忸怩たる思いがあるというところからくるものです。トニー・ブレアやゲアハート・シュレーダーの場合には、明らかに、確信に満ちての路線変革でした。ですが、彼らについていった社民主義者たちの中には、かなり内心怯んでいた人々が少なくなかったはずです。選挙に勝つためには致し方ない。そう自らに言い聞かせつつ、おっかなびっくり「第三の道」を歩み始めた。そのような人々が相当数いたことは間違いありません。そのことは、その後の英労働党や独社民党内の内輪揉めの中に、折に触れて繰り返し現れてきました。こうした後ろめたさがあれば、そこを突かれた時の反論は、おのずと歯切れの悪いものとならざるを得ません。

第二の未練がましさは、一の後ろめたさの裏返しの感情だと言えるでしょう。

「第三の道」への軌道修正によって、ようやく、選挙に勝てるようになった。政権の座に着くことの醍醐味を味わえるようになった。今さら、万年野党として政治的荒野を彷徨う状態に戻るのは嫌だ。こうした思いが、中道左派組の行動力を鈍らせ、現実から目を背けさせ、再変革の前に立ちはだかり、清新なイメージの再構築を阻んできたと言えるでしょう。

中道左派の反撃力を弱める要因は、左派ポピュリスト側にもありました。それは、彼らの主張にそれなりの正当性があるということです。前述の通り、彼らは一部を除いて過激派ではありません。社民主義の王道に立ち戻れと言っている。差別と偏見なき包摂社会を求めている。弱者救済を前面に掲げている。多様性の保持を重視している。いずれ劣らず、反論の余地のないテーマを打ち出しているケースが多いのです。既述の通り、これらのことを「他意なく、下心なく、純粋に」の条件を満たしながら主張しているのであれば、もとより、彼らの言動にケチをつける余地はありません。3条件を満たしていない場合でも、的を射た形で他意や下心を指摘して逆襲に出るのは、手間も暇もかかることですし、下手をすれば逆効果でイメージダウンにつながりかねません。

以上のような状況の中で、いまや、中道左派の存立基盤はかなり弱体化していいます。ひょっとすると、消えてなくなってしまうかもしれない。そんなところまで、追い込まれつつあるようにみえます。そのことを反映して、図3の中でも、中道左派はその輪郭線がフニャフニャになり、しかも綻びが目立つようになっています。

なお、左派空間のグラデーションは曖昧です。どこに向かって濃と淡が収斂しようとしているのか、よく解りません。発散型になっています。このことが、場合によっては左派陣営全体の存立を危ういものにしていくかもしれません。そうなってしまうことは、EUの風景画を一段と歪みが大きく、暗さの深いものにしてしまうでしょう。実に気掛かりな状況です。

風景画の下地はやっぱり経済

以上、ＥＵの今日的風景画の構図と色調を大きく規定しているポピュリズムとナショナリズムに注目しました。この両者の重複領域であるポピュリズム型ナショナリズム、あるいは極右型ポピュリズムには、ＥＵ全体を国家主義と国家主義のぶつかり合いの世界に引き込んでいく黒々しい危険性が充満しています。そこには、国家礼賛のメロディーが流れています。この領域は、『１９８４年』的なエリート型ナショナリズムの領域に向かって、密かに、しかしながら確かに扉が開かれています。

ナショナリズムと重ならない領域のポピュリズムは、反体制がその主旋律です。その中でも左派系に属する人々は、身内に特に厳しい人々です。中道左派への攻撃が厳しく、中道路線の中途半端さを浮き彫りにすることで、その存立基盤に揺さぶりをかけています。彼らの主張には一定の正当性がある場合が多い。それは否定できません。ですが、中道左派の欠陥を声高に主張すればするほど、左派陣営全体の求心力と存続力が脅かされることになりかねません。左派陣営の力が弱まれば、EUの風景画は最終的に国家主義の毒々しい色調に覆われ尽くしてしまいかねません。これをどう阻止するか。これは、今のEUを考える上で、極めて重大な問題です。

ところで、本章のタイトルが「ポピュリズムとナショナリズムが塗り変えたEUの政治経済風景」でした。その割には、あまり経済の話が出てきてないじゃないか。そう思われる鋭い読者がおいでではないかと推察します。その通りですね。確かに、本章には経済上のテーマが正面切ってはほとんど登場していません。

ですが、ここで取り扱ってきたポピュリズムもナショナリズムも、両者に共通する二分法は、いずれも経済活動のあり方が引き出しているものです。経済活動のあり方が人間を幸せにできていない。経済活動が、人間による人間のための営みになっていない。この状況の中で不幸の淵に転落してしまった人々、あるいは、この転落を恐れる人々の不満と不安がEUの風景画の中に充満していく。この不満と不安のガス圧がナショナリズムを台頭させ、多彩な顔を持つポピュリズムの拡散を促していくのです。

今日のEUの政治情勢は、その全てが経済状況に起因すると考えるのは誤りだ。このような指摘も少なくありません。耳を傾けるべき指摘だとは思います。ただ、ここで問題になるのが、何をもって「経済状況」と言うかです。

リーマンショックとその後の南欧諸国の財政危機で、EU経済は大きな打撃を被った。だが、多くの国々がそのどん底からは概ね立ち直っている。新型コロナ問題が発生するまでは、この情勢分析は間違っていなかったと思います。確かに財政危機の中心国だったギリシャやイタリアでも、状況は最悪期に比べれば改善していました。両国の経済成長率はプラスに戻っていました。スペイン経済も、かなり堅調さを取り戻していました。多くの国々で失業率は低下し、一部の産業や地域では、人手不足さえ見受けられるようになっていました。

このような光景をもって「経済状況」というのであれば、確かに、この「経済状況」の中に不穏な政治情勢を醸成するものがあるとは言えません。その中で、人々がポピュリズム型ナショナリストたちの排外主義に魅力を感じたり、その呼びかけに耳を傾けたくなることはないはずです。

ですが、このような「経済状況」が確実に全ての人々を幸せにできる経済活動のあり方かと言えば、決してそうだとは限りません。経済の全般状況が良好でも、その恩恵に一向に浴していない人々がたくさんいれば、それは経済活動の本来の姿ではありません。いくら「全体」最適が成り立っていても、「全員」最適からほど遠い状態になってしまっているのであれば、不安と不満が発生する余地が十二分にあります。むしろ、全体最適が顕著であればあるほど、それと自分たちは縁遠いと感じる人々の嘆きや歯噛みは高じていきます。そこに、ナショナリストたちの「愛国」のささやきが聞こえてきたり、ポピュリストたちの「打倒エリート」のアジテーションが押し寄せてきたりすれば、人々の心がかき乱され、動揺が広がり、そのことがEUの風景画を歪めて暗いものにして不思議はありません。

このような意味合いにおいて、政治のあり方も社会の空気も、やはり、その根底に経済があると言える。筆者はそのように思います。経済活動がバランスの取れたものであり、弱者を置いてけぼりにするようなことのない姿を呈していれば、そこに政治社会的に不穏なものが頭をもたげる余地はありません。しかしながら、経済活動のあり方が全員最適を保障できず、多くの人々が取り残された感を抱いているようであれば、そこには、必ず政治社会的にも不穏で剣呑《けんのん》な空気が漂うことになります。ですから、今日のＥＵの政治情勢と政党模様を語ることは、おのずと、その経済実態を語ることにつながっていくのです。我々の風景画のキャンバスに、最初の線を描き、最初の影をつけて下地を描いていくのは、やっぱり経済の鉛筆です。その経済のデッサンの上に政治と社会の絵具が乗せられていき、多層的な風景画が仕上がっていく。そのように思います。

以上のことを踏まえつつ、次章以降に進みたいと思います。そこでは、本章でざっくりスケッチした構図の中に、具体的な主人公たちの姿形を描き込んでいきます。

第２章

独仏枢軸の中道政治は持ちこたえられるか

旧東ドイツ地域で勢力を伸ばすポピュリズム型ナショナリズムの手口

前章末でお約束した通り、本章からは、ＥＵの今日的風景画の中に政治と政策の主人公たちを描き込んでいきます。本章で取り上げるのは、ドイツとフランスの状況です。統合欧州の要石である独仏枢軸において、中道vsポピュリズム＋ナショナリズムの対立構図はどのようになっているのでしょうか。

まずは表1をご覧ください。ドイツの状況です。表側の各行は、前章で構築した中道対ポピュリズム＋ナショナリズムの構図に従って設定されています。ポピュリズム型ナショナリズムの領域はポピュリズムとナショナリズムの重複ゾーンですので、双方にまたがる雰囲気をだそうとしています。本章から次章以降にかけて、ＥＵ各地の政党模様をみていきますが、いずれの場合もこの形式の表を使って状況を

表−1　独仏枢軸の政党分布：ドイツの場合

中道	右派		キリスト教民主同盟（CDU/CSU）
	左派		社会民主党（SPD）
ポピュリズム	反体制型ポピュリズム	右派	
		中道	同盟90/緑の党（Greens）
		左派	リンケ（Die Linke）
	ポピュリズム型ナショナリズム		ドイツのための選択肢（AfD）
ナショナリズム	エリート主義型ナショナリズム		

整理していきます。さて、それではドイツの政治状況にズームインしてみましょう。

統合欧州の要石が独仏枢軸なら、ドイツ政治の要石は、かたや中道右派のキリスト教民主同盟（ＣＤＵ）およびその姉妹政党であるキリスト教社会同盟（ＣＳＵ）、かたや、中道左派の社会民主党（ＳＰＤ）によって構成されている。この状態が戦後一貫して続いてきました。この両者が、政権交代を繰り返しながらドイツの政治を仕切っていく。それがすっかり常態化していました。いずれも、なかなか単独政権を樹立することはできませんでしたが、それぞれに自分たちの陣営の小政党からパートナーをみつけて連立政権をつくる。あるいは、両者の間で「大連立」を組む。この形でドイツの政党模様を支配してきたのです。戦後においては、計４回の大連立が成立しています。そのうち、3回は2005年以降にメルケル首相の下で実現したものです。本稿執筆時点で、このメルケル体制下の3回目の大連立は続行中です。

ただし、この3回目の大連立はかなり屋台骨が怪しくなっています。これぞまさしく、ドイツにおけるポピュリズムとナショナリズムの台頭のなせるわざです。この状況を解き明かしていくために、あらためて表1に注目したいと思います。キリスト教民主同盟/キリスト教社会同盟と社民党の大連立を追い詰めているのが、一に表中の「ドイツのための選択肢」(AfD)、二に「リンケ」(左翼党)です。ご覧の通り、「ドイツのための選択肢」は「ポピュリズム型ナショナリズム」と「エリート主義型ナショナリズム」の欄にまたがって斜め書きになっています。これは、前章で既述の通り、多くの場合において「ポピュリズム型ナショナリズム」が実は「エリート主義型ナショナリズム」の隠れ蓑になっているからです。「ドイツのための選択肢」においても、まさに然りです。現に、同党チューリンゲン州支部代表を務めるビョルン・ヘッケ氏について、州の裁判所が、状況によっては彼をファシストと法的に認定することができるという見解を表明しているのです。

「ドイツのための選択肢」は、２０１３年に出現した政党です。財政危機下のギリシャに対して、ドイツが支援に乗り出すことに激烈な異を唱えて注目を集めました。その後、一時は世間騒がせな泡沫政党の位置づけにおいやられていましたが、２０１５年の難民大量流入をてこに、極右排外主義政党として存在感の復元に奏功しました。その後は、全独各地の地方選で快進撃が続きました。そして、２０１７年の連邦議会選挙では12・７％の得票率を記録し、92議席の確保に漕ぎつけたのです。極右政党の連邦議会入りは、戦後ドイツ初の出来事でした。二度と再び、ナチス・タイプの政治勢力に議席を与えない。これが戦後ドイツ政界の固い決意でしたが、この防波堤の一角がついに突破されてしまったのです。そればかりではありません。この選挙結果によって、「ドイツのための選択肢」は連邦議会における最大野党の位置につくことになったのです。

「ドイツのための選択肢」について、もうひとつ見逃せない点があります。それは、旧東ドイツにおける彼らの強さです。旧西ドイツ側の11州では、選挙時の彼らの得票率は難民問題が最も話題騒然となっていた当時で15％前後、その後は10％前後で推移しています。ところが、旧東ドイツ5州についてみれば、この数値が一貫して20~25%に達しているのです。旧東ドイツを地盤とするのが、この後にすぐみる「リンケ」(Die Linke)です。党名が文字通り「左」を意味するこの政党は、左派系諸党の寄せ集め集団ですが、その中には、かつてのドイツ民主共和国(旧東ドイツ)の独裁政党だった「ドイツ社会主義統一党」(SED)の後継政党が含まれています。その意味で、かなり生粋の旧東独系出自を持つ政党なわけです。そのような政党を抑えて、隠れエリート型ナショナリズム集団の「ドイツのための選択肢」が旧東独地域で圧倒的優位をほしいままにするというのは、実に驚くべきことです。

なぜこうなるかと言えば、そこには、今の統一ドイツが一貫して抱えてきた深い苦悶があります。それは、東西統一がもたらした東西分断という問題です。ベルリンの壁崩壊から、2019年で30年が経過しました。東西両サイドの若者たちが壁の上に立って歓喜の声を上げる。大きなハンマーで壁を打ち壊す。1989年11月のあの光景を思い出すと、今でも感涙が込み上げてきます。壁の崩壊と東西ドイツの統一は、壁の両側で人々の熱き悲願でした。

ところが、統一ドイツが発足して間もない頃から、想定外のことが起こり始めました。それが、物理的統一がもたらす心理的分断問題です。旧東ドイツの人々は、自分たちがどうも二流・三流市民扱いされていると感じ始める。旧西ドイツの人々は、我々は彼らを甘やかし過ぎじゃないかと思い始める。東ドイツ側では、何でもかんでも西ドイツ側主導で進んでしまうことへの不満が次第に鬱積する。西側への東側の若者の大量流出が、東側の高齢者を不安に陥れる。西側企業の進出と彼らの訳知り顔の振る舞いが東側の労働者の神経を逆なでする。中東から来た難民たちのほうが、自分たちよりも優遇されている。そんな思いさえ抱いてしまう東ドイツ人たち。彼らの服装から東ドイツ訛りまで、全てが西ドイツ側の揶揄の対象になる。

このような東西を切り裂く魂の亀裂は、壁崩壊の感動の記憶が遠ざかれば遠ざかるほど深まってきた。それが実情です。そのことが、「オスタルジー」という言葉の出現によく表れています。これは東を意味する「オスト」とノスタルジーを融合させた造語です。東ドイツ時代が懐かしい。あの時代のほうが良かった。あの時代に戻りたい。「オスタルジー」は、旧東ドイツ諸州の人々のこの思いを物語って実に言い得て妙な言葉です。テレビのインタビューに応えて、もう一度、ベルリンの壁を建ててほしいと言っている旧東ドイツの住人の映像を目撃したことがあります。今度、壁を建てる時には、もっと厚くてもっと高くてもっと頑丈な壁にしてほしいとも言っていました。

このなかなかショッキングな「オスタルジー」に巧みに付け込んだのが「ドイツのための選択肢」だったのです。彼らには政策構想などというものはほとんどありません。彼らが得意とするのが、例の二分法です。「我ら」と「やつら」方式です。「やつら」とは、東ドイツ人たちの悲哀を理解しないエスタブリッシュメント。東ドイツ人を小馬鹿にする西ドイツ人たち。東ドイツ人から雇用機会を奪う移民・難民たち。悪いのはやつらだ。敵はあいつらだ。このように声高に叫ぶ「ドイツのための選択肢」は、まさしく、筋金入りの大衆扇動者です。東ドイツ諸州の人々が聞きたいことを口にし、彼らが敵愾心を抱く相手を、やつらこそまさしく敵だと指さす。こうしたメッセージを発信しながら、次第に国粋主義と排外主義の方向に人々を誘っていく。これぞまさしく、ポピュリズム型ナショナリズムの手口です。

台頭してきた「自我だけ政治」とは何か

「オスタルジー」深き旧東ドイツ諸州では、住人の半数以上が東西ドイツの統一は失敗だったと考えている。そのような調査結果も出ている今日この頃です。この状況を上手く利用しているのが「ドイツのための選択肢」なわけですが、ここまで「オスタルジー」が深いのであれば、旧東ドイツ体制に直結する系譜上に位置する「リンケ」も東ドイツ諸州で存在感を強めていて然るべきところです。

実際にも、リンケは現状で東ドイツ５州の全ての州議会で議席を確保していますし、西ドイツ11州中４州でも州議会に代表を送り込んでいます。２０１７年の連邦議会選挙でも、得票率９・２％で69議席を確保しました。リンケが所有する日刊紙“Neues Deustchland”（新しいドイツ）は、旧体制下では前出の「ドイツ社会主義統一党」(SED)の機関紙でしたが、今でも相当数の読者がいます。この新聞が、「オスタルジー」に浸る人々の心の拠り所となっているのです。

このように、見えないベルリンの壁の両側で、リンケが一定の政治基盤を形成していることは間違いありません。しかしながら、旧東ドイツ諸州についてみれば、「ドイツのための選択肢」に日増しに後れを取るようになって今日に至っています。リンケへの支持は、どちらかと言えば、旧西ドイツ側で伸びていると言える状況です。そうなっているのは、一部の党内過激派を除けば、リンケのメッセージが概して穏健で実務的なものだからです。反戦の立場を明らかにしていますし、国粋主義と排外主義にも明確に否定的な立場を打ち出しています。このような姿勢が、彼らに対する旧西ドイツ諸州の住人たちの警戒心を解いてきたのです。警戒心の低下と反比例的に、既存中道政党への不満の受け皿として、旧西ドイツ組の眼中でリンケの正当性が上昇してきた。そのように言えるでしょう。なお、後述する通り、州議会レベルでリンケは社民党や緑の党との連立を組んでいるケースが少なくありません。その意味で、ドイツの政治風景の中でリンケが示す表情はさほど険しいものかではありません。その色調もさほど黒々しいものではありません。

人々が抱える具体的な問題の解決に当たっていく。エリートたちが落ちこぼしている課題に対応していくことで、弱者救済を実現する。少々、持ち上げ過ぎではありますが、リンケのメッセージは概ねこのようなものであると言って大過ないでしょう。ドイツの国内向け情報機関である連邦憲法保護機関も、「共産主義プラットフォーム」など、リンケ内の一部のグループを監視対象にはしているようですが、リンケそのものを極左や民主主義への脅威とは認定していません。これらのことを総合して言えば、表1の中でリンケを「反体制型ポピュリズム」左派に位置づけたことは妥当だと考えられます。

ここで問題としなければならないのが、このような性格を持つリンケよりも「ドイツのための選択肢」が旧東ドイツで人々の思いを引き寄せているという点です。「ドイツのための選択肢」は典型的な「アイデンティティ政治」の政党だと言っていいでしょう。これはなかなか日本語化し難い用語です。そもそも、「アイデンティティ」という言葉そのものが、ピッタリくる日本語をなかなか対応させ難い言葉です。「犯人のアイデンティティ」といえば、これは「犯人の正体」を意味します。これはかなりピッタリですが、さりとて、「アイデンティティ政治」を「正体政治」と言い換えても、何のことか解りません。「あなたのアイデンティティは？」という問いかけは「あなたは何者？」という言い換えがしっくりきます。ですが、だからといって、「アイデンティティ政治」を「何者政治」としても、やっぱり、意味不明です。

四苦八苦した結果、筆者としてたどり着いたのが、「自我だけ政治」です。「自我一本やり政治」あるいは「自我丸出し政治」でもいいかもしれませんが、これらのニュアンスを取り込みつつシンプル化を図れば、「自我だけ政治」に行き着く。そのように考えた次第です。「アイデンティティ政治」は、あれこれ具体的な政策構想を打ち出したりしません。実務的な政策提言などはほとんど行わないのです。ひたすら、自我を前面に押し出します。我々を見ろ。我々を認めろ。我々の言うことを聞け。我々をないがしろにするな。我々は永遠なり。我々は崇高なり。政策論争なぞ、糞喰らえ。民主主義も糞喰らえ。言論の自由も糞喰らえ。自我、自我、ひたすら自我。

この感じが心地良くなるというのは、実に危険なことです。自我、自我、ひたすら自我は、他者の全否定につながります。他者との共生の徹底却下をもたらします。そこには、排除の論理しかありません。こうした醜い表情とどす黒い色調が、「オスタルジー」症候群に捕らわれた人々をどんどん虜にしていく。このような展開を既存の中道政党たちがどこまで食い止めることができるか。ここが厳しく問われている。それが現状です。この点との関わりで厄介なのが、問題は人々が虜になるか否かだけではないということです。下手をすれば、ドイツの政党政治そのものが、「自我だけ政治」の虜になりかねない。そのような状況が見え隠れしだしているのです。この点について、次項でみていきたいと思います。

現実味が出てきた
主流派と極右、極左が手を結ぶ危険性

２０１９年秋から２０２０年春にかけて、ドイツでちょっとした政治ドラマが繰り広げられました。その最終場面は、折しも、ＥＵ内で新型コロナ問題が本格化する直前のタイミングで訪れたのでした。

２０１９年９月１日、旧東独２州のブランデンブルグ州とザクセン州で州議会選挙が行われました。これらの選挙で、「ドイツのための選択肢」が大躍進を遂げたのです。ブランデンブルグでは23・５％の得票率を確保し、得票率１位にこそ届きませんでしたが、トップに立った社民党の26・２％に肉薄する勢いを示しました。議席数でみれば、社民党25議席（選挙前比マイナス５議席）、「ドイツのための選択肢」23議席（選挙前比12議席増）で、議席差といい選挙前比の議席増減といい、

「ドイツのための選択肢」の快進撃が歴然となりました。社民党は、キリスト教民主同盟と緑の党との連立政権を維持したものの、「ドイツのための選択肢」の急追に肝を冷やしたことは間違いありません。

ザクセンでも、「ドイツのための選択肢」は1位通過のキリスト教民主同盟の45議席に対して、僅か7議席差と迫る38議席を獲得しました。キリスト教民主同盟は、トップポジションを維持したものの選挙前比で14議席を失いました。一方で、「ドイツのための選択肢」は24議席増を成し遂げたのです。ここでも、「キリスト教民主+社民党+緑の党」の既存の連立体制が何とか政権を維持しましたが、「ドイツのための選択肢」の勢いには明らかに覆い難いものがありました。

続いて衝撃をもたらしたのが、２０１９年10月27日に行われた同じく旧東独側のチューリンゲン州議会選です。ここでも、「リンケ+社民党+緑の党」の選挙前連立政権が多数を占めるには占めました。しかしながら、「ドイツのための選択肢」の急伸を前に、過半数を維持することができなかったのです。選挙前は、連立政権が90議席中46議席を占めていました。ところが、この選挙の結果、彼らの合計議席数は42議席に後退しました。「ドイツのための選択肢」が11議席から22議席へと議席数を倍増させたことが響いたのです。

こうして少数与党となった連立3党は、それでも政権を維持すべく、州議会議員による州首相選挙に臨みました。それが2020年2月5日のことです。ここで大番狂わせが起こったのです。連立与党からは、選挙前の首相、リンケのボド・ラメロウ氏が立候補しました。総じて穏健派の組合運動家で評判も良かった人ですから、勝利はほぼ確実視されていました。ところが、そこに突如として全く想定外の対立候補が出現しました。自由民主党（FDP）の地元支部代表、トマス・ケメリッヒ氏です。ほぼ無名の政治家でしたが、この人がラメロウ氏を押さえて首相選に勝利してしまったのです。勝利の原動力となったのが、「自由民主党+キリスト教民主同盟+ドイツのための選択肢」の連携体制でした。

この連携が成立したことに、ドイツ社会は大いに衝撃を受けました。中でも、最も大いなるショックを受けたのが、キリスト教民主同盟の中央本部でした。なぜなら、戦後一貫して、キリスト教民主同盟は極右・極左いずれの政党とも連携や連立を組まないことを旨としてきたからです。ドイツの主流派政党はいずれも大なり小なりこの方針を貫いていますが、キリスト教民主同盟がことのほか強くこの姿勢を打ち出してきました。チューリンゲン州に関しても、地元の支部が「ドイツのための選択肢」との連携を模索していることに対して、党本部はストップをかけていました。メルケル首相から党首の座を禅譲されたアンネグレート・クランプ＝カレンバウエル氏が、厳重注意を発していました。それにもかかわらず、地元支部はその警告を無視して「ドイツのための選択肢」と自由民主党との三者連携に踏み切ってしまったのです。

もっとも、結局はこの番狂わせ体制は超短命に終わりました。自由民主党本部が新人首相となったケメリッヒ氏に辞任を迫ったためです。自民党としても、極右政党との連立を容認するわけにはいかないという判断でした。選挙の３日後にはケメリッヒ氏が辞任し、再投票を３ラウンド繰り返した結果、ラメロウ氏の首相への復帰で一件落着となりました。

こうして、「チューリンゲンの変」も、ひとまず「ドイツのための選択肢」の本格的な主流派入りをもたらすには至りませんでした。しかしながら、この間の顛末はドイツ政界を通じて大きな波紋を呼び起こしました。極右と極左を徹底的に排除するやり方を「コードン・サニテア」(cordon sanitaire) 方式と言います。「コードン・サニテア」を日本語化すれば「防疫線」です。極右・極左思想に感染しないように、彼らの周りに強固な包囲網を張り巡らし、一切、交流や連携を持たない。戦後のドイツ政界はこれを基本方針としてきたのです。

ところが、「ドイツのための選択肢」や「リンケ」の出現で、主流派政党にとって、現実問題としてはこの方針を貫くことが難しくなっています。このことが、今回の「チューリンゲンの変」で露呈した格好になりました。原則論もいいが、背に腹は代えられない。極右や極左とでも、是々非々で手を組まないことには、どうにも勢力を維持できない。党本部はこの厳しい現実が解っていない。こうした思いは、チューリンゲンばかりではなく、多くの州で地元支部の悲鳴となっています。特にキリスト教民主同盟において然りです。社民党は、既述の通り既に「リンケ」との連立を実施しています。これに対して、キリスト教民主同盟は、極右・極左の両翼に対して、完全に等距離的な「コードン・サニテア」姿勢を貫いてきました。「ドイツのための選択肢」はもとより、「リンケ」とも連携は論外としてきたのです。

この党本部方針に対して、その非現実性を指摘する声は党内で徐々に高まる様相を呈してきました。「コードン・サニテア」もいいが、むしろ、極右・極左を中道の主流派内に取り込むことで懐柔し、危険思想の感染力を低下させる、あるいは受け入れ側の免疫力を強化するほうが得策だ。そのような意見も出るようになりました。後述の通り、一部のＥＵ諸国では、主流派が実際に極右取り込み型の対応を行っています。それが成果を上げているという主張が、キリスト教民主同盟内でも一定の勢力を形成し始めている感があります。

お気づきだと思いますが、この議論は、新型コロナウイルスへの対処方法を巡るものと驚くほどよく似ています。防疫線を鉄壁にして感染拡大の徹底防止を図るのか。ある程度までは感染の拡がりを容認して、集団免疫の形成を目指すのか。大陸欧州の多くの国々は「コードン・サニテア」方式を選択してロックダウンに入りましたが、イギリスの当初の対応は集団免疫期待型でした。イギリスはその後に方針転換しましたが、スウェーデンはEU加盟国の中では異例の集団免疫形成狙いで非ロックダウン方式を取ってきました。

ウイルス対策もポピュリズム+ナショナリズム対策も、議論の成り行きはまだ何とも言えません。いずれについても、効果のほどが充分には見極められていないのが実情です。ただ、「ドイツのための選択肢」のような自我だけ政党が政治の主流に溶け込んでいくことは、やはり危険だと考えておくべきでしょう。「ドイツのための選択肢」はネオナチ的色彩も色濃い政党ですから、彼らが我らの風景画の舞台中央に乗り出してくることは、風景画全体としての黒々しさの深化につながること請け合いです。キリスト教民主同盟には、何とか「コードン・サニテア」を貫く姿勢で踏みとどまってほしいものです。

なお、その後の展開の中では、中道勢も新参者たちに対して敗北一辺倒に終始してきたわけではありません。少々、巻き直している面があります。ひとつには、2020年2月のハンブルグ州議会選で社民党と緑の党が1・2位を占めて連立政権を維持することに奏功しました。「ドイツのための選択肢」は大方の予想に反して得票率５・３％に終わり、議会内にとどまるための５％のハードルを辛うじて超えることしかできませんでした。もっとも、この結果に対しては、投票日の前週にヘッセン州のハーナウ市で起きた銃撃事件がかなり影響を及ぼしたと考えられます。右翼過激派の人物の犯行で、移民居住区の人々が殺害されました。この事件に対する憎悪が、右翼政党への有権者の拒絶反応を強めたことは間違いありません。その意味で、この結果にはいわば敵失的側面があるわけで、これをどこまで中道派の逆襲力の証とみられるかは予断を許しません。とはいえ、社民党にとってほっと一息の場面だったことは確かです。

その一方で、キリスト教民主同盟はハンブルグ州議選で惨敗しました。得票率11・２％で、選挙前比５議席を失い、３位にとどまったのです。ただ、全国レベルでは、キリスト教民主同盟もひたすら受難続きに終始しているわけではありません。彼らにとっての朗報は、メルケル首相の人気が大いに挽回してきていることです。前述の通り、メルケル氏はキリスト教民主同盟の党首は辞任したものの、２０２１年11月までには実施が予定されている連邦議会選までは首相の座にとどまる意向を表明しています。彼女のこの方針には党内外から多くの批判が出ていました。さしものメルケル・マジックも、もう賞味期限切れだ。ＥＵきっての彼女の政治的神通力も、もはやこれまで。早く辞任したほうがいい。このような声が盛んに上がるようになっていました。ところが、新型コロナ対策に関する彼女の冷静で機敏な陣頭指揮ぶり、そして、国民に対する真摯な語りかけが感銘と信頼を呼び、一気に支持率が再上昇する展開になりました。

このように、さしあたり明暗交錯するドイツの政治模様です。我々の風景画のこの部分が、最終的にどのような構図を呈することになるのか、引き続き目が離せない状況です。

なお、その後、「ドイツのための選択肢」は内紛が激しくなり、さしあたり退潮色が濃くなっています。しかしながら、なおも、不気味な存在です。他の極右勢力が台頭する蠢《うごめ》きもあります。ドイツの中道政治は、なおも、一触即発の危うい立場に置かれている。このことに変わりはありません。

マクロン登場でフランスの政治風景から追い出された左右両中道

さて、ここで独仏枢軸の仏軸のほうに目を転じたいと思います。次ページの表2をご覧ください。かなり錯綜した構図になっていますね。まず、中道勢力については右派の欄に共和党、左派の欄に社会党が記入されていますが、同時に、「共和国前進」（La Republique en Marche）という党名が左右両中道から反体制型ポピュリズムの全域にいたるゾーンをまたにかけて書き込まれています。さらには、「黄色いベスト運動」（Les Gilets Jaunes）という名前が括弧付きで欄外を縦断しています。彼らの存在領域は、中道右派からエリート主義型ナショナリズムに至るまで、全ジャンルにわたっています。「国民連合」がポピュリズム型ナショナリズムとエリート主義型ナショナリズムの領域にまたがって書き込まれているのは、ドイツで

表－2　独仏枢軸の政党分布：フランスの場合

中道	右派		共和党　共
	左派		社会党　和
ポピュリズム	反体制型ポピュリズム	右派	国
		中道	前
		左派	進
	ポピュリズム型		国
ナショナリズム	ナショナリズム		民
	エリート主義型		連
	ナショナリズム		合

（黄色いベスト運動）

みた「ドイツのための選択肢」の場合と同じ理由に基づいています。「国民連合」もまた、ポピュリズム型ナショナリズムの隠れ蓑を着たエリート主義型ナショナリスト集団です。

この中で、何といっても謎だとお感じになるのが、一に共和国前進の位置づけ、二に「黄色いベスト運動」がなぜ括弧付きで欄外を縦断しているのかという点だと思います。これらのことを謎解きしていくためには、まず、この構図が出現する前後の状況を整理しておかなければなりません。

共和国前進は、本書に「はじめに」の段階からご登場願っているマクロン大統領が率いる政党です。当初は単なる「前進」の名前でデビューしました。２０１６年のことです。マクロン氏が自分のサポーター・グループとして立ち上げました。２０１７年の大統領選に参戦するための準備行動でした。その時点では、「前進」はまだ正式な政党としての資格さえ取得していなかったのです。「前進」は、フランス政界の左右両陣営からマクロン氏の元に参集した寄り合い所帯でした。既存の政党政治に失望し、嫌気がさした人々が、若き新星に引き寄せられて結集したのです。この新集団の出現によって、フランスの政党模様は一変しました。２０１７年５月の大統領選では、マクロン氏が驚くべき大勝を博しました。続いて６月に行われた国民議会選挙においても、マクロン氏の大統領就任とともに「共和国前進」に改名した旧「前進」の面々が、地滑り的大勝利を成し遂げたのです。

２０１７年のフランス大統領選は４月23日の第１回投票と５月７日の第２回投票にわたって実施されました。まず、第１回投票の段階で大異変が生じました。フランスの近現代政治史において初めて、左右両陣営の二大中道政党が立てた候補者が敗退、いずれも第２回投票に進めないという事態が生じたのです。選挙前の現職だったフランソワ・オランド大統領率いる与党の社会党が立てた候補がブノワ・アモン前国民教育相でしたが、第1回目投票における彼の得票率はわずか6・35％で、順位も何と5位にとどまったのです。1969年に左派諸政党が結集して社会党が誕生して以来、最悪の大統領選挙結果でした。

かたや、ドゴール元大統領の系譜につながる中道右派の共和党もまた、惨敗を喫しました。元首相のフランソワ・フィヨン氏が立候補しましたが、彼の得票率は19・91％で、2012年大統領選でニコラ・サルコジ元大統領が獲得した27・18％を大きく下回りました。彼もまた、第2回投票に進むことができませんでした。

2017年フランス大統領選の決戦の場に立ったのは、マクロン大統領そして極右政党「国民戦線」（現「国民連合」）のマリーヌ・ルペン党首だったのです。ここでもまた、マクロン氏は驚異の集票力を発揮しました。投票結果はマクロン66％、ルペン34％でした。フランス政界に新しい風を吹き込んだ男は、極右からの挑戦を全く寄せつけなかったのです。

そしてさらに、6月11日と18日に行われた国民議会選挙でも、新風男とその一派の快進撃はとどまるところを知りませんでした。「共和国前進」からは総勢461

人が立候補し、３５０人が当選しました。総定数５７７議席のうち、60％を席巻したのです。社会党を中心とする中道左派連合は、選挙前の３３１議席からたったの45議席へと、議席数の大激減に見舞われました。共和党率いる中道右派連合も、選挙前比93議席減の１３６議席まで転落しました。ルペン氏の国民戦線も、選挙前の２議席を８議席に増やすにとどまりました。党首が大統領選の決選投票に勝ち残ったことも、何ら神通力を発揮しなかったわけです。

かくして、新風男マクロンはフランスの政治構図に革命的大変化をもたらし、向かうところ敵なき快進撃に踏み出しました。しかしながら、その後の展開が決して新風男の思惑通りのものになったわけではありません。予想外の対抗的向かい風が吹いてきて、行く手を阻まれる。仇敵が思いのほかの粘り腰をもって復活してくる。そして、独仏枢軸の大重鎮パートナー、メルケル独首相との間合いの取り方に苦労する。デビュー当時の「掃き溜めに鶴」的輝きは次第にはげ落ちてきました。反面、存外にしたたかな持ちこたえ力を発揮していることも事実です。その辺りをこれからみていくわけですが、それに先立ってまずは新風男がそもそも何者なのかを見極めておかなければなりません。彼が引き起こしてきた、あるいは引き起こそうとしてきた風は、どこから吹いてくる風なのか。どのような性質の風なのか。これらのことを整理しておく必要があります。これをすることが、とりもなおさず、表2における「共和国前進」のあの奇妙な位置づけの謎解きにもつながっていきます。

いまだ誰もわからない
マクロンという政治家の正体

新風男の正体やいかに。それを考え始めようとしたところで、次の文言が頭に浮かんできました。

“Who is Silvia, what is she”（「シルビアは誰？　彼女は何だ？」翻訳筆者）

かの劇作の神様、ウィリアム・シェークスピアの初期の作品『ヴェローナの二紳士』に登場する詩の一節です。シルビアはミラノ大公の秘蔵の姫君。求婚者が絶えません。そのひとりであるプロテュースが、彼女への思いを恋歌に託します。その歌い出しがこの２つの問いかけです。この２つの問いかけは、そのまま新風男に当てはまる。マクロン大統領を巡るフランス世論の状況をみると、どうもこのように言えそうです。「マクロンは誰？　彼は何だ？」。フランス人たちがこのように自問自答し、答えに窮しているようにみえます。答えに窮しているというよりは、むしろ、あまりにもたくさんの答えが出てきてしまっていると言ったほうがいいかもしれません。

シルビア姫の場合は、青年のあこがれがこれらの問いかけを生み出しました。これに対して、新風男の場合には、問いかける人が誰であるかによって「マクロンは誰？」への答えも違ってくるのです。新風男が、それだけ捉えどころがなくて得体の知れない存在だとも言えるでしょう。ただし、捉えどころがなくて得体が知れないといっても、何やらフワフワしていて影が薄いという意味ではありません。マクロン氏は大いにエネルギッシュですし、テンションも常にとても高そうです。国際舞台での派手なパフォーマンスも大好きです。トランプ大統領と握手するたびに握力コンテストを繰り広げて、マッチョ度を張り合ったりします。

ただ、そうした精力をもってどこに向かおうとしているのか、何を目指してハイテンションになっているのかということについて、人によって判定が実に様々なのです。「はじめに」と第1章でご紹介したFT紙のインタビュー内容をみても、彼の発言のトーンはなかなか格調高いですし、熱っぽくもあります。それなりに迫力があります。ですが、問題は、その弁舌の行き着く先がどこであるのかについて、人々の見方が定まらないところです。

ある意味では、これは当然だと言えます。なぜなら、マクロン大統領ご本人が自分の立ち位置をあまり精緻には特定していないからです。マクロン大統領の古巣は中道左派の社会党です。オランド政権下で、彼は財務大臣に大抜擢され、経済産業デジタル相も務めていました。閣僚時代を通じて、彼はフランス経済の活性化に取り組み、そのための一連の規制緩和を実現させました。所属政党が社民主義を標榜する中道左派の位置づけにあるにもかかわらず、かなり新自由主義的な制度改変に力を入れたわけです。そのことで、党内左派から相当に顰蹙《ひんしゅく》を買うことにもなったのです。党内左派の目には、マクロン氏が社民主義者の仮面をかぶった新自由主義者にみえたのでしょう。どうも、この辺りからマクロン氏に関する「誰？　何？」

問題が浮上し始めたと言えそうです。

　そして、マクロン氏が社会党を離れて2017年大統領選に出馬する段階になると、彼自身の言動が「誰？　何？」問題の種を蒔くようになったのです。それというのも、大統領選への出馬にあたって、彼は、自分は「右派でも左派でもない中道」のスタンスで行くと宣言したのです。この考え方は、第1章で言及したイギリスのトニー・ブレア元首相やドイツのゲアハルト・シュレーダー元首相の「第三の道」と多分に重なるものだ。そう見立てた向きは少なくありません。確かに、社民主義政党に身を置きながら、規制緩和や労働法制の柔軟化に積極的に取り組むという意味では、マクロン流とこの2人のやり方は重なります。ただ、完全に同じものだとも言えないでしょう。なぜなら、「第三の道」を行くと言えば、それは第一の道とも第二の道とも異なる新たな方向を目指す道を選択することを示唆しています。

　他方、「右派でも左派でもない中道」なる道は、実は一体どこにあるのかがよく解りません。右派と左派の位置が動けば、そのいずれでもない中道も、やはり動くことになりそうです。その意味で、「何でもない中道」は受け身型の動く標的だと言えそうです。「第三」という明確な方向感の表明とは、やはり少々違います。

マクロン氏としては、やれ右だ左だなどということには拘泥しない「真の中道」あるいは「筋金入りの中道」、はたまた「黄金バランス的中道」を目指すのだと言いたいのかもしれません。ですが、あまりにも思想性のない中道は、下手をすれば「中空」あるいは「空洞」に転化してしまいそうです。この辺が、テンションは高いがどう高いのかが解り難いというイメージにつながっているようにみえます。「あれではない」、「これでもない」という形でしか自らを定義していないと、「誰？何？」を問いかける人々側のよって立つポジションによって答えが違ってきてしまう。そういうことなのではなかろうかと思います。次第に新風男の謎が解けてきました。「右派でも左派でもない中道」は、既存の右派にも左派にもすっかりウンザリで飽き飽きしていたフランスの有権者にとって、確かに新しい風を感じさせたでしょう。しかしながら、当初の薫風感と高揚感が過ぎ去ると、残ったものが何なのか、そこにいる人は誰なのかについて、疑念や違和感が生じてくる。こうした中で、マクロン氏に対する「誰？　何？」の疑問と、それに対する千差万別の解答模様が出現してきた。このように見受けられます。ダイナミックでアグレッシブな大いなる空洞。それがマクロン氏で、このハイパーな空洞の中に、人々が勝手に、自分たちがみたい「誰と何」やみたくない「誰と何」を注ぎ込む。そのような構図になっていると言えそうです。

右からみれば左、左からみれば右

公平と正確を期するために言えば、マクロン氏も全く「何でもない」わけではありません。彼が当初から前面に打ち出しているのが、「親欧州」と「反国家主義」です。前述の通り、現・国民連合のマリーヌ・ルペン氏が「いまや右派も左派もない。あるのはグローバルと愛国の対決だ」と言った時、マクロン氏はすかさず、「対決はグローバル対愛国にあらず。愛国対国粋なり」と逆襲しました。統合欧州への理念的なコミットメントも強いことは、前掲のＦＴ紙インタビューの中に滲み出ていました。これら２つの価値観に関する限り、マクロン氏の信念は堅固だといえるでしょう。ただ、もう一息踏み込んで考えてみると、彼がコミットしている欧州がどんな欧州なのか、彼における愛国とは何なのかは、必ずしも明確になっていません。その意味で、どうもこの人には、その理念の核心部分においてさえ、中空的なものがつきまとう雰囲気があるのです。

思えば、彼が敬愛して止まないのが、かのシャルル・ドゴール元大統領です。そして、前述の通りドゴール将軍につながる政治的流れを汲んでいるのは、中道右派の共和党です。したがって、素直に考えればマクロン氏は共和党入りしていて然るべきところです。ところが、彼はドゴール派と対峙する位置づけにある社会党に入ってオランド大統領の懐刀となる道を選んだのです。こういうところにも、彼を巡る「誰？　何？」が錯綜する背景がありそうです。ひょっとすると、そもそも、ご本人が、自分が誰であり、何をやろうとしているのかが解っていないのかもしれません。そもそも、彼自身の中核部分が空洞なのかもしれません。野心だけは満ち溢れているが、コンテンツが定まらない空洞です。だから、みる側がそこに自分流の風景画を描き込んでしまう。だから、みる人によってみえる景色が違ってしまう。そういうことなのではないか。デビュー当初のマクロン氏が呼び起こした新風は、実は方向感無き野心の熱風だったのかもしれない。そう思えてきました。このイメージを脳内に置きつつ、ここで、実際にどのような人々がどんな「誰？　何？」観をこの人の内なる空洞に注ぎ込んできたのかをみておきたいと思います。

マクロン大統領が社会党左派の人々にどうみえているかについては、既に言及した通りです。彼らからみれば、マクロン氏は新自由主義一派の回し者だということになります。彼らよりもさらに左寄りの共産党や労働運動家たちの目には、マクロン氏が進めようとしている規制緩和や労働市場改革が超資本主義的に映ります。この超資本主義的改革に対して、中道右派の共和党およびその支持者たちは総じて肯定的です。ですが、取り組みが中途半端で充分な成果を上げていないというので、結局は批判的な声が大勢を占めています。何だかんだ言っても、やっぱり根は社民主義者じゃないか、大きな政府志向じゃないか、というわけです。そして、極右の位置からみれば、親欧州を唱えて移民流入に歯止めをかけようとしないマクロン氏が、左派系売国奴にみえます。つまり、マクロン大統領という人は、左からからみれば右にみえ、右からみれば左にみえる人なのです。

保守的中間層からみれば、彼はエリート層の代弁者、あるいは怪しげなインテリ左翼にみえます。左派系中間層にとっても彼はエリート層の代弁者ですが、それと同時に新自由主義と新保守主義の権化でもあります。エリート層の位置につけている人々からみれば、彼は厄介なポピュリストです。

さて、ここまでくれば、表2における「共和国前進」のあの奇妙なポジショニングの意味についても、ついにご理解いただけるかと思います。謎の新風男が率いるこの政党は、政党分布表のどこに位置づいていてもおかしくない。どの位置づけも当てはまってしまう。だが、いずれの位置づけにも決してピッタリおさまらない。親分の「誰？　何？」が定まらないのですから、どうしても、こういうことになってしまいます。唯一、彼らが無縁な領域がナショナリズムの領域です。マクロン大統領が国家主義を明示的に糾弾している以上、さすがに、ここは「共和国前進」にとっても禁断の場所だと考えていいでしょう。そう願いたいところです。

「黄色いベスト運動」とは自律的市民集団か、烏合の衆か

　表2のもうひとつの謎が「黄色いベスト運動」でした。既述の通り、彼らは括弧付きで欄外を縦断するポジショニングに配置されています。まず、筆者が彼らを表の外に置いたのは、彼らが政党を形成しているわけではないからです。さらに言えば、正式に団体や組織を構成しているわけでもありません。「黄色いベスト運動」という名称も、誰言うとなく浮上したネーミングです。誰かがどこかに登録している名称ではありません。指導体制が確立することもありませんでした。リーダーが特定されないままに広がっていったのです。

　このような性格をもつ「黄色いベスト運動」は、よく言えば善良なる多様な市民たちの自律的集団、悪く言えば烏合の衆です。実を言えば、彼らもまた、「誰？

何？」が錯綜している人々です。それにもかかわらず、彼らは、この間のフランスの政治情勢とマクロン大統領の経済運営を大いに振り回す存在となりました。「にもかかわらず」と言うよりは、「であればこそ」と言ったほうがいいのかもしれません。

「黄色いベスト運動」が巻き起こったのは、2018年11月のことです。マクロン大統領が打ち出した燃料増税への抵抗運動でした。フランス北部の地域住民が口火を切りましたが、あっという間に一大市民運動に膨れ上がり、パリのシャンゼリゼ大通りを席巻するに至ったのです。この燃料増税は、マクロン政権が温暖化対策の目玉のひとつとして提示したものでした。マクロン大統領の環境意識の高さを世界に印象づける。その効果を持つはずでした。

ところが、この思惑が人々の顰蹙を買ったのです。日本と同じで、フランスも地方社会は車社会です。地方住民たちの生活は、車無しでは立ち行きません。燃料税の引き上げは、彼らの生活コストを直撃します。自分たちから行動の自由を奪おうというのか。公共交通機関が発達している都会とは、話が違うのだ。自動車から自転車に乗り換えろとか、ウオーキングでどこにでも行けなどというのは、都市型生活環境しか知らない者たちの言うことだ。環境に優しくなれなどというのは、左派系都会派エリートの道楽だ。こうした憤懣の炸裂が、「黄色いベスト運動」の原点でした。黄色いベストは、フランスで自動車保有者が事故時に備えて車内完備を義務付けられています。つまり、黄色いベストはフランスのドライバーたちの象徴です。それを身にまとって燃料税引き上げに抗議するというのは、なかなか粋な抵抗のスタイルだと言えるでしょう。

ここが「黄色いベスト運動」の出発点でした。その後、この市民運動は、日頃から世の中の成り行きに不満や苛立ちを抱く多くの人々を巻き込んでいくことになりました。ここから、善良なる多様な市民たちの自律的集団と烏合の衆の紙一重領域をいくこの運動の本格展開が始まりました。そして、その格好の総攻撃対象となったのが、マクロン大統領でした。何しろ、お互いに「誰？　何？」的特性を持つ同士ですから、これは当然の成り行きだったと言えるでしょう。右からは左にみえ、左からは右にみえる。このような特性を持つマクロン氏の存在は、「黄色いベスト運動」にとって求心力形成のための絶好の標的でした。

都会派エリートの地方社会無視に怒る人々は、マクロン氏を、自分たちが忌み嫌う相手の総本家とみなして攻撃する。左派系市民意識を抱きながら黄色いベストを着用した人々は、マクロン氏を新自由主義の象徴に見立てられる。フランス第一主義の狼煙を上げたくて「黄色いベスト運動」に加わった人々は、彼にフランスの魂をEUに売り渡した非国民のレッテルを貼ることができる。こうして、誰もが自分の宿敵の役回りをお仕着せることができる。それがマクロン大統領だったのです。彼のおかげで、「黄色いベスト運動」は、烏合の衆にありがちな内輪揉め状態に早々に突入することを回避できました。共通の敵の存在がもたらす求心力のおかげで、斬新なストリート・ムーブメントとして勢力を増幅していくことができたのです。

マリーヌ・ルペンの不気味な再生

そんな「黄色いベスト運動」も、いまや、一時の勢いは失っています。ひとまず、すっかり影をひそめたといえるでしょう。思えば、ここには、マクロン大統領の「誰？　何？」性の強みが現れているといえるかもしれません。方向感定まらぬ新風男には、時の風向きに対して容易に自分の構えを合わせることができる。事実、マクロン氏は「黄色いベスト運動」の盛り上がりを受けて国民との「幅広い対話」を実施しました。そこでのやり取りを受けて、燃料税増税の見送りをはじめ、市民たちの要望に応じて自分の改革路線を縮小したり見直したりしてきました。年金改革や公共部門の人員削減はマクロン政権の改革第2弾の目玉商品でしたが、これらについてもかなり大幅な戦線縮小が行われたのです。

こうして攻撃対象がかなりぼやけてしまったことが、烏合の黄色い集団の勢いをかなり削ぐことにつながったといえるでしょう。共通の敵の敵性が薄まれば、烏合の衆の結束力はたちどころに弱まります。ただ、それだけに状況がまた一転すれば、いつ何時、彼らが再び息を吹き返すか解りません。ひょっとするとベストの色は変わるかもしれませんが、再び多様な市民的怒りが「誰？　何？」男に対して炸裂してもおかしくはありません。

もっとも、その可能性もさりながら、今後のフランスの政治経済的風景の構図と色映えがどうなるかということとの関係では、より注意を要する点があると思います。それは、下手をすれば、「黄色いベスト運動」が残した遺産が、極右勢力にとって格好の栄養剤となってしまうかもしれないという問題です。

既述の通り、フランスの極右勢力といえば、マリーヌ・ルペン氏率いる国民連合です。そして、これまた既述の通り、ルペン氏は２０１７年の大統領選でマクロン氏に惨敗しました。同年の国民議会選でも、国民連合は2議席から8議席への議席増にとどまったのでした。ところが、２０２２年の次回大統領選に向けては、かなり状況が変化しそうな様相です。世論調査の動向からみると、僅少差ながら、ルペン氏がマクロン氏を破って次期フランス大統領に就任する可能性も否定できなくなっているのです。

このようなことになっているのは、マクロン大統領の「右でも左でもない」つまりは何だか解らない「誰？　何？」性に対して、ルペン氏は彼女が誰であり、何であるかが実に明快だからです。その一方で、右でも左でも何でもないマクロン氏は、結局のところ、右からも左からも、どこからでも嫌われてしまい、敵対視されてしまう立場にみずからを追い込んでしまっている。この弱みに、ルペン氏が次第に上手くつけ込むようになっているのです。この彼女のやり方が、さしあたりフランスの政治経済風景の後景に退いている「黄色いベスト運動」の残党たちの琴線をかき鳴らし始めるようなら、フランス大統領の住まいであるエリゼー宮がルペン氏の手元にぐっと近づいてくることになります。

実際問題として、難民・移民の大量流入を阻止するというルペン氏の主張は、「黄色いベスト運動」の中の保守層の支持を得ています。「経済的愛国主義」を掲げるルペン節も、彼らにとって大いに耳当たりのいいものです。しかも、彼女は都会による地方蔑視を許さないとも言っています。このメッセージには、元祖「黄色いベスト運動」の地域住民たちを奮い立たせるものがあります。さらには、何と左派系の「黄色いベスト運動」家たちにも、彼女の発言はアピールするものがあるのです。それは、彼女が打倒エリート、庶民ファーストを掲げているからです。さらには、ルペン氏はジャン・リュック・モランション氏率いる極左政党「不服従のフランス」の支持まで取り付けてしまいました。彼らは、ルペン氏の国家主義に同調しているのです。ルペン氏本人も「国家主権尊重派左翼」の引き込みを目指すのだと言っています。

かくして、ルペン氏はかなり巧みに極右のイメージを払拭し、幅広い反体制層を取り込めるルペン・ワールドを構築しつつあると言えそうです。彼女の正体は、相変わらず極右排外主義者です。マクロン大統領の言い方で言えば、彼女は国粋主義者です。そして、本書における我々の命名方式に基づいて言えば、彼女は「エリート主義型ナショナリズム」の領域に属する人物です。ところが、マクロン氏が

「誰？　何？」男であるお蔭で、それに対応して、彼女もまたマルチカラーのマクロン叩きを通じて支持層の拡大に奏功しつつある。このような構図が浮上し始めているのです。

こうしてみれば、今のルペン氏こそ、まさしく本書で言う「ポピュリズム型ナショナリズム」の隠れ蓑の最も巧みな装着者と化しつつあると言えそうです。かつて、ルペン氏には彼女の父親ジャン＝マリー・ルペン氏ともども、筋金入りの極右国粋主義的人種差別家のイメージが染みついていました。そのため、ルペン親子がフランス政治の舞台中央に躍り出かけると、極左はもとより中道左派陣営も中道右派陣営も、大慌てで政党・有権者挙げて彼らの躍進阻止に回る。この構図が必ず浮上していたのです。

２０１７年大統領選段階のルペン氏に対しては、まだまだこの構図が機能する状態でした。だからこそ、第2回投票にこそ進めましたが、そこではマクロン氏に大敗を喫したわけです。新風男の勢いもさりながら、「ストップ・ルペン」効果も相当に決定的な力を発揮したと言えるでしょう。ところが、彼女が首尾よく「ポピュリズム型ナショナリズム」のマントをまといつつある今、風向きはかなり変化してしまっているのです。確かに、2022年大統領選の成り行きはかなり不透明になっています。

しかも、ここにきてマクロン大統領の「共和国前進」はついに単独過半数を割り込むことになりました。2017年選挙では350議席の一大勢力を形成したのでしたが、その後にチラホラと離脱者が出るようになりました。そして、2020年5月に17人の議員がまとまって党籍を離れて「Ecologie Democratie Solidarite（環境・民主主義・連帯）」というグループを形成しました。といっても正式な政党登録はしていませんし、共和国前進に対して全面的な「宣戦布告」をしているわけではありません。共和国前進にはモデムという協力政党も存在しますので、マクロン大統領の政策形成が議会内で直ちに行き詰まることはなさそうです。とはいえ、勢力が衰えていることは間違いありません。この状況の中で、ルペン氏が威勢よくなってきている。このことが、フランスの政治経済そして社会風景に重苦しい影を落としていることは確かです。

「誰？　何？」男も、もはや「右でも左でもない」などと乙に澄ましている場合ではないでしょう。ルペン氏の国粋的正体、「エリート主義型ナショナリズム」の本性を暴いて、その舞台中央入りを阻止しなければいけません。極右の興隆を徹底的に排除してきたフランス民主主義を蘇らせることが求められています。市民革命の国において、国粋の旗印が翻ることを食い止める。それが、「今あるのは愛国対国粋の対立なり」と言い放ったマクロン氏の使命となりつつある。筆者はそう思います。もしも、ルペン氏が２０２２年大統領選を制するようなことになれば、独仏の枢軸的連帯の行方はどうなるでしょう。そこが大きく揺らげば、統合欧州の風景画に暗黒の帳が下りることになりそうです。統合欧州という枠組み自体に重大な危機が訪れるでしょう。そのこと自体には、前述の通り、筆者も決して否定的ではありません。しかしながら、統合欧州の解体が極右国粋主義の台頭によって進行することは、断じて許してはならないと確信します。そこで、しょうがないから、とりあえず、「誰？　何？」男のエマニュエル・マクロンにエールを送るほかはありません。がんばるべし！

第３章

健全経済の北欧に広がる中道政治の極右化

「中央」無き経済が政治の両極を台頭させる

前章のタイトルが「独仏枢軸の中道政治は持ちこたえられるか」でした。このタイトルにしたのは、欧米の政治・経済・社会談義にしばしば登場する“Can the centre hold?（中央は踏みとどまれるか）”という問いかけが頭に浮かんだためでした。本章の本題に入る前に、まず、この問いかけが持っている意味について、ご一緒に少し考えておきたいと思います。なぜなら、この点について頭の中を整理しておくことで、本章でみていく国々の状況が物語っているもの、そして、彼らの物語が統合欧州の今日的風景画にもたらす色調に関する理解が深まると考えられるからです。

「中央」というこの言葉は、どのような観点から何を対象に使うかによって、様々な意味を帯びてきます。政治の視点から言えば、前章から注目してきた中道、あるいは主流の意になります。社会的なアングルからみれば、中流・中間層・中産階級などの意味を持つことになります。

経済の領域に踏み込めば「中央」はことのほか重要で多彩な意味合いを帯びてきます。どこに経済活動の中央部があるのか。そこには何があり、どのような人々がそこを住まいとしているのか。それによって、経済の姿は大きく変わってきます。中央にいるべき人々が正しくふさわしく中央に位置づけを確保できているか。本来、センターに陣取っているはずの人々が端っこに追いやられていないか。これらのことは、経済活動の質を大きく規定します。既述の通り、経済活動は人間を幸せにすることがその使命です。一部特定の人々に豊かさが集中していて、他の多くの人々は低所得ゾーンに押し込まれている。そのような経済には中央がありません。中抜きになってしまっています。両端しかない羊羹《ようかん》のようなものです。

このような羊羹をお茶筒のように立てて置こうとしても、それはできません。いや、そんなことはないだろう。単にとても短い羊羹になるだけで、立てることはできるだろう。そう思われるかもしれません。ところが、実のところ、なかなかそうはいかないのです。上端がスーパーリッチ族によって構成されているなら、彼らからたくさん税金を取って下端の貧困層に所得を移転すればいいじゃないか。このように考えたくなります。確かに、これは正論です。今の世の中、多くの国々が金持ち増税を必要としていると思います。ただ、上端にいくら重税を課しても、下端への充分な所得移転が実現しない場合が考えられます。充分な所得移転を確保できるところまで、高額所得層への税金を引き上げると、彼らがそれに激怒して国外への集団逃亡を図るかもしれません。彼らはそれだけの財力を持つ人々です。

然らば、上端がぐっと長くて下端がとても短ければ所得移転が上手くいくかというと、必ずしもそうとは限りません。その場合には、上端部に「パンが無いなら菓子を食え」心理が働く恐れがあります。多くのスーパーリッチ人たちがお互い同士とばかりお付き合いしていれば、彼らの世界から遥か彼方にいる貧困層の生活がイメージできなくなります。羊羹の下端で何が起こっているのか。そこで人々がどんなに四苦八苦しているか。上端人間たちにはそれが解りません。その痛みが解りません。こうなると、「なぜ、我々があいつらのために高い税金を払わなければならないのか。我々が実力で稼いだカネを、なぜ、甲斐性の無いやつらのために貢がなければならないのか」という憤懣が頭をもたげてきます。それが節税や脱税行為、そしてやはり国外逃亡行動につながっていく恐れがあります。

他著でも言及していますが、（東洋経済新報社刊『人はなぜ税を払うのか』、日本文芸社刊『洗脳された日本経済』等）世の中には、人呼んで「リッチスタン」人が存在します。命名者は、アメリカのジャーナリスト、ロバート・フランクです。フランク氏は、『ウォール・ストリート・ジャーナル』紙の記者だった当時にこのネーミングを発明しました。リッチスタンの「リッチ」は、言うまでもなく、お金持ちのリッチです。「スタン」は国を意味する言葉です。パキスタンやアフガニスタンなどを思い浮かべてください。つまり、「○○スタン」といえば、「○○ランド」を意味するわけです。

フランク記者の定義によれば、リッチスタン人たちは、ニューリッチです。親から資産や地位を受け継いだわけではありません。金融業界やＩＴ業界で成功し、一代で富を築いた人々です。アメリカの保有資産額ランキング上で上位１％に入るような人々です。そして、彼らは税金を払いたがりません。自分たちが公的サービスの世話になることはないと考えているからです。自腹で、我が子のために最高級の教育環境を整えられる。病気になれば、至れり尽くせりの医療サービスを受けられる。自分たち専属の消防隊も、警備体制も、場合によっては軍隊でさえ、完備することができる。そんな自分たちが税金を払うことには意味がない。これがリッチスタン人の考え方です。この考え方は誤解です。税金は自分のために払うものではありません。世のため人のために払うものです。ですが、リッチスタンの人々にはこの認識がありません。こういう人々が群れをなしていれば、たとえほんの一握りしかいない貧困層であっても、徴税を介した所得移転で救うことができなくなってしまいます。

かくして、中抜き羊羹経済は富の偏在をとても是正し難い経済です。つまり、貧困層の貧困からの脱出を支援して、彼らを幸せにすることができません。人々を幸せにできない経済はまともな経済ではありません。まともではない経済に、持続性はありません。

ロバート・フランク記者が「リッチスタン」の存在を発見したのは、2003〜2004年のことでした。その少し前から、主として社会学の分野で使われ始めた新造語に「プレカリアート」というのがあります。これは「プレケアリアス（precarious）」とプロレタリアート（proletariat）を合体させた造語です。ですから英語の発音としては「プレケリアート」に近いのですが、日本ではプレカリアートという表記が定着しています。プレケアリアスは不安定、頼りない、先行き危うい、などの意です。プロレタリアートは、言わずと知れた無産階級です。今日的に言えば、低賃金労働者のイメージです。

プレカリアートに分類される人々は、低賃金に甘んじているだけではありません。それに加えて、彼らは不安定な地位にあります。いつ、雇い止めを食うかわからない非正規雇用者。いつお呼びがかかるかわからない仕事のために、常に自分を待機状態にしておかなければならないフリーランサー。雇用契約は結んでいるが、実働時間がなければ、一切給与を支払われない「ゼロアワー」契約に縛られている従業員。こうした人々がプレカリアートです。

経済活動の羊羹の上端がリッチスタンで、下端にはプレカリアートたちがひしめいている。そして中央は中抜きで空洞になっている。このような状態になっている時、プレカリアートの魂に向かって歪んだポピュリズムと愛国主義の振りをした国粋主義が魔の手を伸ばす余地が生まれます。

偉大な哲学者も偉大な詩人も「中央」を重視した

　これに対して、経済活動の羊羹が中抜きではなく、上端と下端の間に大きくてしっかりした「中央」が存在すればどうなるでしょうか。ここで思い出すのが、「分厚い中間層」という言い方です。かつて、日本の民主党政権時代に、当時の野田佳彦首相が盛んにこの言葉を使っていました。「分厚い中間層」を復活させる。このことが、日本経済の最大の課題だ。そのように主張していました。この場合の「中間層」は「中間所得層」の意だと考えていいでしょう。

　確かに、中間所得層が中央部に分厚く存在していれば、この経済羊羹は立てても安泰であり続ける可能性が強まると考えていいでしょう。なぜなら、それなりの税金を負担できる人々の頭数が多ければ、あまり彼らの負担を大きくしなくても、経済羊羹の下端に向かって所得移転を首尾よく進めることができるからです。むろん、上端にいるリッチスタン人たちには、たっぷり税金を払ってもらうべきです。しかしながら、前述の通り、そこだけが頼りだと、結局はひたすら彼らの国外逃亡を促すばかりで、肝心の所得移転効果が充分には上がらないかもしれません。多くの人々から、その多くの人々にとって無理のない範囲で幅広く税金を徴収することができれば、それが最も効率的な所得移転につながります。このような意味合いにおいて、「分厚い中間層」の存在は、経済活動の健全性が保たれるために確かに重要です。

ただ、ここで注意を要する点があります。それは、中間層がいくら分厚くても、そこを住処としている人々が善良で賢い市民たちでなければならないということです。彼らが頑迷に保守的で権力迎合的で他者の痛みが解らない人々であれば、そこが分厚いことは、むしろ弱い者いじめや変わり者いじめが前面に出る経済社会をもたらしてしまうでしょう。分厚い中間層が、似非《えせ》ポピュリストや似非愛国主義者たちの自己責任論や排外主義にたぶらかされてしまえば、経済活動の風景画はぐっと暗さを増すことになってしまいます。ここが実に難しいところですが、それにしても、経済の中抜き化が破壊的で危険な現象であることは間違いありません。その意味で、「中央は踏みとどまれるか」は、やはり、本質的重要性を内包する問いかけです。

この問いかけを初めて発したのは誰だったのか。現段階で、筆者はそれを突き止め切れていません。ただ、古代ギリシャの大哲学者、アリストテレスが次のように言っていることは発見しました。

一国の体制は、明らかに、それが中間層を通じて機能する時に最も安定する。もうひとつ明らかなのは、中間層の規模が大きくて、願わくば、その力が両極にある各層の力の総和よりも強いか、少なくとも両極のいずれよりも強い時、そのような国家は上手く機能する可能性が高いということだ。

アリストテレス大先生もまた、分厚い「中央」に強い信頼を置いていたようですね。先生がここで言及されている中間層は、政治的な意味での中間層、すなわち、まさに「中道」ゾーンだと考えていいでしょう。過激な両翼の勢力を合算しても、中道の強さにはかなわないことが理想だ。それが無理でも、中道の勢力が両翼のいずれにも勝っていてもらいたい。政治体としての国家の安泰には、この構図が必要だ。先生はこのように考えられていたようです。誠にごもっとも。ただし、やはりここでも中道の質が問われると思います。少しでも中道を外れた変わり者を異端視するような中道であれば、そのような中道は多様性の芽を摘み、民主主義のおおらかな開花をむしろ阻止する要因になってしまいます。偉大なる哲学者が残したお言葉を前にして何とも僭越なことをほざいていますが、この辺のところについて大先生がどのようにお考えだったのか、ぜひとも探索してみたいと思います。

思えば、既にみた通り、フランスのマクロン大統領は、自分が中道の中の中道、真の中道だという看板を掲げて、２０１７年の大統領選に躍り出たのでした。まさに、中央を持ちこたえさせるために出てきたのだと、見得を切ったわけです。その限りでは、アリストテレス先生のお眼鏡に大いにかなう構えを取ったと言えそうです。しかしながら、なまじ「右でも左でもない中道だ」と宣言したがために、右からも左からも不信感を持たれるという展開になったのでした。そのおかげで、かえってアリストテレス先生が警戒されていた両極を勢いづかせてしまう面が出てしまいました。中央を堅固に保つという芸当は、なかなか一筋縄ではいかないもののようです。

「中央は踏みとどまれるか」のもうひとつのルーツだと思われるのが、ある詩の一節です。その題名は"The Second Coming（再来）"で、作者は、ウィリアム・バトラー・イェイツ（William Butler Yeats, 1865～1939年）です。アイルランドが世界に誇る詩人であり劇作家でした。20世紀の英語文学界において、最も革新的な役割を果たした詩人のひとりに数えられています。

"The Second Coming"は次のように始まります（翻訳筆者）。

広くまた広く旋回する鷹
その耳に鷹匠の声は届かない

全ては崩れ行き
中央は踏みとどまれない
ひたすら無秩序が世界を覆い
…中略…
最善の者たちは自信を喪失し
最悪の者たちは激情に満ちている

この詩が発表されたのは1919年のことです。中央にあって、安定の支柱となっているはずのものが踏みとどまれない。持ちこたえられない。だから混迷が支配し、頼りになるはずの良識ある人々が自信を失くしてうなだれてしまう。その一方で過激派が勢いづく。この情景には、戦間期という暗黒の時への入り口となった1919年の憂いが色濃く滲みでています。そして、この色調は、今日の統合欧州の風景画にも多分に重なるものです。

統合欧州の中央は、果たして踏みとどまれるか。持ちこたえられるか。前章では、この問いかけに対する答えが、独仏枢軸において相当に瀬戸際状況があることを目の当たりにしました。ＥＵ内の他の国々においては、どうなっているでしょうか。それを本章と次章でみていきます。

「ケチケチ4人組」の親分国オランダの「中央」は安泰か

本章と次章にわたって取り上げるのは、次の4組の国々です。

・北欧ケチケチ4人組（オランダ・オーストリア・スウェーデン・デンマーク）
・南欧ラテン系3人組（イタリア・スペイン・ギリシャ）
・東欧国粋2人組（ハンガリー・ポーランド）
・孤高のイギリス1人組（イギリス）

ポスト・ブレクジットのイギリスは、いまやEU加盟国ではなくなってしまいましたが、完全に仲間はずれにするのはあまりにも可哀想です。さらに言えば、そもそもブレクジットが現実となった背景にも、「中央は踏みとどまれるか」問題があったと考えられますので、その辺りの構図はやはり押さえておくべきでしょう。

3人組から1人組の3組のネーミングは筆者独自のものです。最初の4人組については、実際に使われている英語の名称を筆者が勝手に翻訳しました。英語名は“The frugal four”です。“frugal”は倹約とか質実の意です。だから、「ケチケチ」にしました。現在、このケチケチ4人組と南欧のラテン系3人組との間でカネを巡る攻防が繰り広げられています。間に入って独仏枢軸が四苦八苦しています。この問題についても、第5章であらためて取り上げます。本章と次章では、これら「4・3・2・1」の各組において「中央は踏みとどまれるか」問題がどうなっているのかを点検していきます。ただし、各組の全てのメンバーを個別的にみていくと、あまりにも紙幅を取ってしまいます。そこで、北欧ケチケチ4人組については、その代表格に位置するオランダとオーストリアに焦点を絞ります。南欧ラテン系3人組については、イタリアに、東欧国粋2人組についてはハンガリーにフォーカスします。本章では北欧2ヵ国についてみます。南欧と東欧、そしてイギリスは次章

表－3　オランダの政党分布

<table>
<tr><td rowspan="2">中道</td><td colspan="2">右派</td><td>自由民主国民党</td></tr>
<tr><td colspan="2">左派</td><td>労働党</td></tr>
<tr><td rowspan="4">ポピュリズム</td><td rowspan="3">反体制型
ポピュリズム</td><td>右派</td><td></td></tr>
<tr><td>中道</td><td></td></tr>
<tr><td>左派</td><td>社会党</td></tr>
<tr><td colspan="2" rowspan="2">ポピュリズム型
ナショナリズム</td><td rowspan="4">自由党</td></tr>
<tr><td rowspan="3">ナショナリズム</td></tr>
<tr><td colspan="2" rowspan="2">エリート主義型
ナショナリズム</td></tr>
<tr></tr>
</table>

で取り上げます。

そこで、まずは北欧ケチケチ4人組です。この4人組のいわば非公式リーダーの地位を占めているのが、オランダです。オランダの現政権は4つの政党によって構成される連立政権です。最大勢力が自由民主国民党（VVD）です。他の3政党はキリスト教民主同盟（CDA）、民主66（D66）、キリスト教連合（CU）です。自由民主国民党のマルク・ルッテ党首が首相の座についています。現体制は2017年3月の総選挙の結果としてでき上がりました。ルッテ氏自身は、2010年から一貫して首相の座をキープして今日に至っています。

ルッテ首相率いる自由民主国民党は典型的な中道右派政党です。戦後オランダの政治政策過程の中で、常に中軸的な位置づけを占めてきました。中道左派の労働党と連立を組む場面もありました。この両者こそ、まさに戦後オランダの「中央」の守り手として機能してきたといえるでしょう。現在の4党連立政権の他の3党も、基本的に中道右派政党です。したがって、一見したところでは「ケチケチ4人組」の親分国オランダにおいて、中央はしっかり安泰を保持しているというイメージになります。しかしながら、ここはもう一息踏み込んで状況をしっかり解析しておくべきところです。さもなくば、オランダの政治構図が統合欧州の風景画の中でどのような位置づけにあり、どのような色彩効果をもたらしているかを見誤ることになりそうです。オランダはかの光と影の画家、偉大なるレンブラントを生んだ国です。色合いの下手な見間違いをすれば、レンブラント先生の大顰蹙を買ってしまいます。

極右側にシフトすることで政権を確保したオランダの「中道」右派政党

読みを確かなものにするためには、我々は、まず、既述の2017年総選挙時点にさかのぼる必要があります。あの時、ルッテ首相は実はなかなかの窮地に立たされていました。我々の用語で言うポピュリズム型ナショナリズム政党から激しい急追を受けていたのです。その政党は自由党（2006年結成）で、その党首がヘルト・ウィルダースでした。ウィルダース氏は過激な反イスラム主義者です。コーランの発禁やオランダ国内の全モスクの閉鎖などを打ち出して、移民・難民との共存に不安を覚える有権者の取り込みを図りました。これがかなりの程度まで奏功し、一時は総選挙で自由党が第一党の座を確保しそうな勢いを示していたのです。

蓋を開けてみれば、自由党は結局第2位にとどまり、政権奪取には至りませんでした。ルッテ氏率いる自由民主国民党が大方の予想を上回る集票力を発揮してトップに立ち、ウィルダース氏の挑戦を退けたのです。とはいえ、自由民主国民党が単独過半数を占めたわけではなく、政権構築のためには他党との連立が不可避でした。そこでルッテ氏に突き付けられたのが、自由党の取り扱い問題でした。下馬評ほどの勢いを発揮しなかったとはいえ、ウィルダース氏が善戦したことは間違いありませんでした。その彼を政権内に取り込むべきか。取り込んで懐柔するというやり方でいくのか。それとも、徹底的な締め出しを貫くのか。つまり、「コードン・サニテア」（防疫線）方式を取るのか否かという問題です。

「コードン・サニテア」については、第2章のドイツの項で言及した通りです。ドイツの場合、極右政党「ドイツのための選択肢」が「コードン・サニテア」論議の対象になりました。一時、キリスト教民主同盟の地方支部が「コードン・サニテア」の大原則に反して、彼らと手を組もうとしたのでした。ご記憶の通り、結局、これは不発に終わりました。しかしながら、ポピュリズム型ナショナリズム政党が勢力を持ってくると、その取り扱い方を巡って中道派は常に頭を悩ますことになります。

ルッテ氏も少なからず悩ましい思いをしたようですが、最終的には「コードン・サニテア」原則に従うことにしました。そこで、自由党抜きの連立を追求したわけですが、これは大いに難航しました。それは、自由党抜きで連立政権の数合わせを上手く成り立たせるためには、いかに同じ中道とはいえ、相当に肌合いの異なる政党とも手を組まざるを得なかったからです。折り合いがついて、何とか連立構想がまとまるまでに、何と7ヵ月という時間を要したのです。オランダの政治史上、前代未聞の空白期間でした。

それにしても、何はともあれ中道連立政権が誕生したのであるから、結局は中央が踏みとどまったわけではないか。そう思いたくなるところです。しかしながら、ここで問題になるのが、ルッテ氏率いる自由民主国民党の勝ち方です。ルッテ氏は、いかにしてウィルダース氏の挑戦を退けることができたのでしょうか。端的に言えば、それは、自らウィルダース寄りにスタンスをシフトすることによってだったのです。選挙運動中のルッテ氏は、オランダの有権者に宛てた公開書簡の中で、「普通に振る舞え。さもなくば立ち去れ」という言い方をしました。これは、明らかに国内のイスラム系移民に向かって発せられた言葉でした。そのことが誰にでも解るメッセージでした。ウィルダース顔負けというところでした。つまり、ルッテ氏は、臆面もなく「ポピュリズム型ナショナリズム」のお株を奪うことによって、彼らの手中から票をつかみ取ったわけです。

確かに、形としては中道連合が政権を確保することになりました。ですが、その中道連合の立ち位置は、従来に比してグッと右旋回し、極右ポジションにかなり近いところまで移動してしまっていたのです。自由党という政党そのものに対しては「コードン・サニテア」を張ったものの、その中から滲み出てくる国家主義と排外主義のウイルスにはかなり身をさらしてしまった。いわば、「コードン・サニテア」の名を取って実を捨てたような格好になってしまったのです。事実、自由党の支持者の中からも、この点に注目して「これは敗北に非ず」という思いを口にする人々がいました。政権入りを阻止されたことは悔しい。だが、あれだけルッテが我々のほうにすり寄ってきたとなれば、我々の思いは何も政権内にいなくても実現するかもしれない。それならそれで、大いに結構。そんな奇妙な勝利感を味わった向きもあったようです。

「中央」の安泰を脅かす中間層の変質

その後の展開の中で、ルッテ首相がことのほか「ウィルダースもどき」の動きをみせる場面は、今のところみられません。しかしながら、状況いかんではどうなるか予断を許しません。自由党はその後退潮著しく、ウィルダース氏もすっかり鳴りを潜めています。ですが、一方で新世代のナショナリストたちが台頭してきています。その代表格が、民主主義フォーラムを率いるティエリー・ボーデです。極右性はウィルダース氏に勝るとも劣らずです。しかしながら、スマートなインテリのイメージが強くて、ウィルダース氏が取り込むことのできなかった都会派の若者たちを巧みに引き寄せてきました。ボーデ氏が今後に大きく躍進してくるようになると、それにつられてオランダ政治の中道がさらに右傾化する場面がみられるかもしれません。オランダの「中央は踏みとどまれるか」問題は引き続き要注意状態にあると考えておくべきでしょう。

さて、次に進む前に、ここでひとつ整理しておきたいことがあります。それは、前項で考えた「中抜き羊羹」のイメージとの関係で、ここでみたオランダ中道政治の現状をどう受け止めるかという点です。ルッテ首相がぐっと右寄りに立ち位置を移動せざるを得なかったのは、オランダ経済から「分厚い中間層」が消えてなくなり、富裕層と貧困層の両端しかなくなってしまったからでしょうか。確かに、中間層からの転落者が増えたことは間違いありません。ただ、中間層が完全に空洞化したわけではありません。中間層からはじき出される人々を目の当たりにする中で、中間層に踏みとどまれた人々も、その発想や行動が変質し、変貌を遂げてしまった。この面に着目しておく必要があると考えられます。

この変質はどんな変質なのか。なぜ、変貌が生じたのか。キーワードは「不安」なのだと思います。平凡ながら住み心地のいい経済的安定ゾーン。我々はそのような生活圏に生きている。この前提が、ひょっとすると崩れるのではないか。ひょっとすると、我々がこの安定ゾーンから放り出されて、貧困ゾーンに転落することになってしまうかもしれない。このような不安感の広がりが、中間層の心理をより不寛容でより排外的な領域に追い込んでいった。そのように考えられます。

この不安心理のひとつの大きな材料となったのが、2015年にEUに訪れた難民危機だったことは、間違いないと言っていいでしょう。この年には、中東・アフリカの政治軍事情勢が急激に悪化する中で、主としてシリアとアフガニスタン、そしてイラクから100万人超えという前代未聞の数の移民、難民がEUに殺到したのです。巷に中東・アフリカからの流入者が溢れ、経済社会の秩序を乱す。自分たちの雇用機会を脅かす。彼らへの支援が財政負担を大きくする。そのおかげで増税でもされたら、たまったものではない。彼らが自分たちより手厚い公的サービスの対象になるようなことは容認し難い。

こうした諸々の憤懣や危機意識が、中間層の心理を揺さぶり、右翼排外の方向に追いやる。この力学が強く働いたと考えられます。この力学が、有権者としての彼らの投票行動にも大きく影響したと考えられます。ヘルト・ウィルダースはいやだ。

自由党の過激な反イスラム主義には嫌悪感を覚える。良識的中間層たる我らとしては、あんな連中を政権に送り込むようなことはしたくない。だが、この不安感はどうにもたまらない。何とかしてほしい。我らが長年支持してきた中道派の政治家たちにこそ、この不安感の払拭を託したい。マルク・ルッテよ、どうか上手く中道版ヘルト・ウィルダースになってくれ。中間層のこのような切なる願いが、ルッテ氏を右へ右へと追いやった。そのように考えられます。

　こうしてみれば、前項でも考えた通り、中間層が単に分厚くさえあれば、それだけで中央が踏みとどまっている、持ちこたえられていると言えるわけではないということが確認できます。この点との関わりで、中道右派の極右接近に勝るとも劣らず気掛かりなことがあります。それが中道左派の消滅です。２０１７年の国民議会選では、選挙前に自由民主国民党と連立政権を組んでいた労働党が大幅に議席を減らしました。選挙前の38議席から、何とわずか9議席まで後退してしまったのです。中道左派勢力が、ここまで力を失うことの意味するところは重大です。なぜなら、こうなると、所得再分配をはじめとする弱者救済的社会政策を提唱する声が小さくなってしまいます。不寛容な自己責任論が前面に出がちになります。つまりは、結局のところ、「中抜き羊羹」化が進んだのと同じ構図になってしまいます。

かくして、中間層が不安心理によって腐食されると、いつの間にか、中央そのものが中央ではなくなってしまう。統合欧州の風景画を正しく絵解きするためには、この辺りについても感受性を鋭くしておかなければなりません。それでこそ、初めて、レンブラント先生のダメ出しを免れることができるでしょう。

極右排外主義政党と政権を組んだオーストリア国民党

同じ「ケチケチ4人組」の中でも、中道が敢えて極右に対する「コードン・サニテア」を解除したケースがあります。それがオーストリアの場合です。オーストリアの政治は、戦後の一時期を除いて、中道右派のオーストリア国民党（ÖVP）と中道左派のオーストリア社会民主党（SPÖ）の大連立政権によって仕切られるのが、長らく基本形でした。この構図に変調が生じたのがまず2000年、そして2017年のことです。いずれの時も、国民議会選挙で第一党となった国民党が連立相手に極右政党のオーストリア自由党（FPÖ）を選んだのです。2000年の場合には、他のEU加盟国が国民党のこの動きに強い危機感を抱き、オーストリアに対して2国間国交の断絶という制裁措置を講じました。加盟国同士の間でのこの仕

表−４　オーストリアの政党分布

中道	右派		オーストリア国民党
	左派		オーストリア社会民主党
ポピュリズム	反体制型ポピュリズム	右派	
		中道	
		左派	
	ポピュリズム型ナショナリズム		自由党
ナショナリズム	エリート主義型ナショナリズム		

打ちは、統合欧州史上初のことでした。このような手厳しい対応に他の加盟国が同意したのは、それだけ、当時の自由党党首、ヨーク・ハイダーの極右排外主義が目に余るものだったからです。

その後はひとまず大連立体制を繰り返す基本形に戻りましたが、２０１７年国民議会選挙を経て、またもや「コードン・サニテア」破りが発生しました。この時、国民党の党内事情には大きな変化が生じていました。若冠31歳という若き党首、セバスチャン・クルツが颯爽と登場し、旧態依然たる党内体質の刷新に踏み出していたのです。オーストリア版新風男の出現でした。その勢いに乗って、国民党は２０１７年10月15日に行われた国民議会選挙でも大勝しました。総議席数１８３のうち、国民党が62議席を確保して第一党となりました。前回の２

０１３年選挙時に得た47議席から15議席増の躍進でした。それに対して、２０１３年選挙時には第一党となった社会民主党は議席を全く増やすことができず、前回時の52議席にとどまって第二党に転落しました。その一方で国民党に負けず劣らず健闘したのが、自由党でした。前回比11議席増の51議席を確保したのです。

　この結果を踏まえて、国民党のクルツ党首は自由党との連立に踏み切りました。第三党で終わったものの、議席数の伸びは国民党に次ぐもので、獲得議席数も第二党に辛うじて踏みとどまった社民党とわずか1議席しか違わない。これらの数字をみれば、ここでクルツ氏が「コードン・サニテア」の解除を決断したのも無理からぬところだった面はあるでしょう。ただ、それでも、極右排外主義を政治の主流に踏み込ませないという決意が固ければ、そしてバランスの取れた中道政治を守り抜くことに意義を見出していれば、社会民主党との従来型大連立にも、充分に正当性を見出したはずです。クルツ氏がこの選択肢に目を向けなかったのは、それだけ、世論の風向き変化を感じていたからだと思われます。クルツ氏は、世の中の空気を読むことになかなか長けた政治家です。この点では、若輩ながらオランダ政界の老猾男ルッテ首相も顔負けな面があると言えるでしょう。その政治感覚が、彼に世論の社会民主主義離れを察知させ、対極右防疫線を解かせたものと考えられます。つまり、オランダ同様、「ケチケチ４人組」のもうひとつの顔であるオーストリアにおいても、中間層の質的変異がみられ、それに中道政治が呼応するという化学反応がみられたわけです。

ここで、もうひとつ注意を向けておくべき点があります。それは、２０００年の場合と異なって、２０１７年には、オーストリアにおける「コードン・サニテア」破りに対して、他のＥＵ加盟国から強い嫌悪の声が上がらなかったという点です。２国間国交の断絶という制裁措置は、議論にもなりませんでした。これについては、自由党がヨーク・ハイダー時代の剥き出しの排外主義を封印し、選挙で「選ばれる政党」へのイメージ・チェンジにある程度奏功していたという面があります。ただし、それだけが理由ではなかったでしょう。既にみたオランダをはじめ、多くの国々で「中央の揺らぎ」が顕在化していて、中道政治がそのことへの対処に苦慮していたという事情が大きく影響していたと考えられます。

さらには、2000年当時のEU加盟国は15ヵ国でした。顔ぶれとしても、西欧的価値観を概ね共有する国々でした。それに対して、2017年段階のEUは28ヵ国によって構成される大所帯になっていました。しかも、その中にはソ連邦崩壊後の東欧諸国が13ヵ国含まれていました。加盟国のほぼ半数が東欧世界の国々となっていたわけです。その中には、後述するように西欧型民主主義を強く否定するに至るポーランドとハンガリーが含まれていました。こうした諸事情があいまって、2017年のEUの風景画は、2000年のそれとは相当に色調が違ってきていたのです。このことが、オーストリアにおける対極右防疫線の二度目の決壊に際しても、他の国々の反応を変えたと言えるでしょう。

もっとも、こうして誕生した右派系連立政権は、実は長続きしませんでした。自由党の当時の党首で、副首相に就任したハインツ＝クリスチャン・ストラーヒェが、かつて、謎のロシア勢が関わる怪しげな政治工作に関与していた。このスキャンダルが発覚したためです。これで国民党・自由党連立政権は倒壊しました。暫定政権管理下の移行期間を経て、2019年9月29日に再び国民議会選挙に突入したのでした。その結果、当然ながら自由党は20議席減となって惨敗しました。国民党は堅調に９議席増を果たし、71議席を確保して第一党の地位を不動のものにしました。その一方で、驚くべきことに、社民党は12議席を失いました。せっかくの自由党の「オウン・ゴール」に乗じて、勢力を挽回することが全くできなかったわけです。ここにも、ＥＵ内における「中央の揺らぎ」問題が滲み出ていたと言えるでしょう。中間層が社民主義をどんどん見放していく。そうなればなるほど、統合欧州の風景画は暗い影の部分が増えていきます。気掛かりなことです。

社民党が自由党の退潮を生かしてカムバックを果たせなかったのとは対象的に、大いに失地挽回を達成したのが、緑の党でした。２０１７年選挙ではそれまで持っていた24議席を全て失って国民議会からの退場を余儀なくされていました。それが、２０１９年選挙では26議席を確保して議会への返り咲きを果たしたのです。この勢いに目をつけたクルツ氏が、今度は緑の党と連立を組む道を選びました。この体制がさしあたり今も続いています。しかしながら、これはいかにも危うい連合です。よって立つところが大いに違うこの両者が、いつまで連立関係を保持していけるか。

これを巡っては、常に大きなクエスチョン・マークが彼らの周囲に漂っています。緑の党という存在は、社民勢力つまり中道左派の弱体化が著しい中で、多くのEU諸国においてキャスティング・ボートを博する存在になっています。それなりに、第1章で検討した「他意なき・下心なき・純粋な」善きポピュリズムの担い手となり得る素地を有する。そのような存在だとも言えるでしょう。ただ、名が体を表す通り、彼らは基本的に環境問題という単一課題に焦点を当てた「ワンイシュー」政党です。彼らに、どこまで中央を中央に踏みとどまらせ、持ちこたえさせる力があるか。地球環境が大きな経済社会的、そして政治的関心事となる中で、そこに争点を絞ろうとする政党には、それなりの求心力がある。そのように考えることはできるでしょう。

しかしながら、それにしても、中間層の変質とそれに伴う中道右派の極右旋回、そして中道左派の存続の危機は、今日の統合欧州が抱える大きくて重苦しい問題です。「ケチケチ組」の国々は、要は健全経済の守り手たちです。その経済的物堅さが、弱者救済を旨とする社会政策への拒絶姿勢と重なってしまう時、統合欧州の経済的風景はどんどん温かさに欠けるものになっていきます。オランダもオーストリアも、典型的な開かれた小国、サバイバル上手な小国であるはずです。来る者は拒まず。去る者は追わず。融通無碍に状況変化に対応する。この柔軟なリベラリズムが、大国の狭間をスイスイと泳ぎ抜き、したたかに生き抜いていく欧州群小諸国の伝家の宝刀であるはずです。そんな彼らが、硬直的で頑迷な極右排外の方向に引っ張られていってしまうのか。まさに善き欧州の「中央」そのものとして踏みとどまることができるのか。今の風景がこの問題を我々に突きつけています。

第4章

南欧・東欧、イギリスが抱える中間層の変質と政治の危機

イタリアで中道が中央から消えた日

経済的中間層の変質がもたらす政治的中道の極右化。これが北欧ケチケチ4人組の代表2ヵ国の問題だったとすれば、ここで南欧ラテン系3ヵ国を代表してもらうイタリアにおいては、一時、中道という政治ポジションが完全にブランクになるような事態が生じました。2018年6月から2019年8月までのことです。

ことの発端は、2018年3月に実施された上下両院選挙でした。この選挙では、それまで連立政権を組んでいた民主党（PD）を中心とする中道左派グループが、他の2つの陣営を相手取る形になりました。この中道左派グループの陣頭指揮に当たったのが、民主党党首で首相を務めていたマッテオ・レンツィでした。

2つの対抗勢力のひとつが、五つ星運動（M5S）です。ウェブ開発者のジャン

表－5　イタリアの政党分布

中道	右派		自由の人民
	左派		イタリア民主党
ポピュリズム	反体制型ポピュリズム	右派	
		中道	五つ星運動
		左派	
ポピュリズム／ナショナリズム	ポピュリズム型ナショナリズム		同盟
ナショナリズム	エリート主義型ナショナリズム		

フランコ・カサレッジョと俳優でコメディアンのベッペ・グリッロがオンライン反体制運動として２００９年に立ち上げた運動体です。２０１８年選挙の時点では31歳のルイジ・ディマイオが党首になっていました。我々の分類法でいけば、五つ星運動はまさに典型的な「反体制型ポピュリズム」政党です。

もうひとつの対抗勢力がレガ（同盟）という政党を軸とする中道右派連合です。ただし、中道右派連合はかなりの程度まで名ばかりで、事実上のレガ独裁体制でした。本書の分類法によれば、レガはこれまた典型的な「ポピュリズム型ナショナリズム」政党です。かつてはレガ・ノルド（北部同盟）を名乗り、もっぱら北部イタリアの分離独立を掲げる言わば「ワンイシュー」政党でした。それを、現党首のマッテオ・サルビーニが「オール・イシュー」的色彩がより強い方向に引っ張って今日に至っています。

こうして、この選挙では中道左派の既存政権が2つのタイプのポピュリズム集団に挟み撃ちを受ける格好になりました。結果的に、この三つ巴の争いにおいて、いずれのグループも単独過半数を確保することはできませんでした。連立が常態のイタリア政治において、これは特段驚くに値しません。ただ、今回は現職組の中道左派グループが第3位に転落するという番狂わせが起こりました。両ポピュリズム勢力が1・2位を占める結果となったのです。五つ星運動が1位となり、レガが2位につけました。つまり、連立政権づくりに向けての協議において、中道左派が主導権を握ることのできない立場に追い込まれたのです。この状態で進められた連立協議は、決着がつくまでに3ヵ月を要しました。そして、2018年6月1日からレガと五つ星運動によるポピュリズム連立政権が発足することになりました。この時点で、中道勢はさしあたりイタリア政治の主舞台からの立ち退きを余儀なくされることになったのです。つまりは、中道が中央に位置することができなくなったのでした。

ただ、中道に代わってイタリア政治の中央に躍り出たポピュリズム連立政権は、どうみても、呼吸の合った二人三脚を演じられる同士だったとは言えません。いずれも、自分たちは旧来型の右派か左派かという観点からは仕分けできない新勢力だと主張してきました。その意味で、この両者もまた、マクロン流の「右でもなし左でもなし」派に属しているわけです。

ただ、実際には、レガは明らかに極右性の強い政治集団です。特にマッテオ・サルビーニの指揮下で極右の色彩が濃厚になりました。サルビーニ党首は、徹底した排外主義者で移民排斥者です。イタリアはイタリア人のためにあり。それを全面的に主張して憚るところが一切ありません。彼は伝統的な家族文化の正統性を主張し、女性は家にこもって子作りと子育てに専念すべし、などと発言してもいます。もちろん、同性婚などもってのほか。多様性に対して寛容な社会など、イタリアにはそぐわない。そのような姿勢を貫いています。こんな調子ですから、言うまでもなく、サルビーニ氏は徹底した「イタリア・ファースト」主義者でもあります。反ＥＵを前面に打ち出していて、特にユーロに対する敵愾心を露わにしてやみません。しばしばイタリアの脱ユーロ圏を主張しますし、イギリスのブレクジットにならって、「イタジット」する機会も虎視眈々と狙っていることを隠しません。

サルビーニ氏のあまりの多様性否定ぶりと排外主義と不寛容は、それにたまり兼ねた若者たちによる反対運動を生み出しました。彼らは自称「イワシ族」です。イワシの缶詰よろしくびっしりと、立錐の余地なく揃い踏みして、イタリア全土の広場という広場を埋め尽くす。そして、打倒サルビーニの大音声を上げ、開かれたイタリアを謳い上げる。それが彼らの心情です。実際に、無数のイワシ型プラカードを掲げた彼らの姿は、イタリアのメディアを大いに沸かせました。国粋主義者の傍若無人が、フランスの「黄色いベスト運動」とはまた一味違う市民運動に火をつけたのでした。

一方で、五つ星運動のほうは、総じて言えば、反体制ではあっても右翼性は低い集団です。その主張の中には、特段、国家主義的な側面はみられません。反ＥＵを掲げてはいます。しかしながら、それも、ＥＵの存在が格差と貧困を深化させているという観点からの主張です。レガのように、自国至上主義に基づく反ＥＵ姿勢だとは言えません。移民大量受け入れにも慎重姿勢を示していますが、これも、市民生活を脅かされることへの警戒感に由来しています。レガ的に過激な排外主義によるものではありません。

五つ星運動の「五つの星」は、それぞれ、彼らが掲げる公約に対応しています。具体的には、公共水道の確立、持続可能な交通網の実現、持続可能な発展、インターネットへのアクセス権確保、環境重視主義です。確かに、これらの目標には、少なくとも表立った右も左もないと言っていいでしょう。これらが目指すところは、安定的で安全で、快適で平等感ある市民生活の基盤形成。そんなイメージが浮かんできます。彼らの五つの星の中には、まさに善良なる中間層が、いかにもほしがりそうな生活インフラの構成要素が勢揃いしています。守旧的エリート層には、いつまで経っても、これらの要素を取り揃えることができない。そんなやつらから、政策形成権を奪取しよう。市民による市民のための政治の時代を切り開こう。このような構えで、五つ星運動は活動を開始しました。前述の通り、それが２００９年のことです。

折しも、イタリアの有権者たちは、複雑怪奇な政争を繰り返す旧来の政治にすっかり嫌気がさしていました。そこに突如として出現した五つ星運動の斬新なイメージが彼らの期待感を引き寄せたと言えるでしょう。五つ星運動の共同創設者、ベッペ・グリッロの強烈な個性が人々のハートを鷲づかみにしたという面も多分にあったと言えるでしょう。俳優であり、コメディアンである彼は、その辛辣・奇抜な言動でイタリア社会を大いに沸かせたのでした。

呉越同舟だったレガと五つ星運動

以上みてきた通り、レガと五つ星運動には、実を言えばおよそお互いを連立相手に選べるような共通認識も理念もありません。彼らの連立は、まさしく、ひとえに中道派を中央から追いやるための政略結婚だったのです。端的に言えば、そこにあるのは同床異夢の呉越同舟でした。だからこそ、この連立政権はわずか1年余りの短命に終わったのです。きっかけは、レガのサルビーニ党首が連立政権から飛び出して下野したことです。五つ星運動の動き方は軟弱過ぎて埒が明かない。そんな苛立ちを露わにしての連立離脱でした。

ただし、一見、衝動的にみえるこの行動も、実は計算あってのことでした。政権離脱で解散総選挙に持ち込み、レガ主導の形で政権にカムバックすることを目論んだのです。しかしながら、この戦略は不発に終わりました。五つ星運動が何と仇敵民主党を新たな連立パートナーに選び、「民主党」もこれに呼応したからです。

その後、サルビーニ氏は一連の地方議会選挙を通じて巻き返しを試みてきました。ひとつの焦点となったのが、2020年1月に行われたエミリア＝ロマーニャ州の地方議会選でした。もしも、レガがこの地域で勝利できるとなれば、それは大いなる快挙を意味しました。それというのも、エミリア＝ロマーニャ州は左派系諸政党の強力な支持基盤のひとつなのです。同州を含む中部イタリアは、イタリアのいわゆる「レッド・ベルト」として知られています。戦後一貫して、共産党を嚆矢《こうし》とする左派の鉄壁の牙城であり続けてきました。サルビーニ氏がここに風穴を開けることに奏功すれば、地方政治のみならず、国政レベルでもレガを再び勢いづかせることができる。場合によってはレガ優勢の中での総選挙入りにつなげることができるかもしれない。これがサルビーニ氏の読みでした。しかしながら、サルビーニ氏の読みは結局またもや実現に至らず、レガはエミリア＝ロマーニャを制することができませんでした。二度にわたる思惑の狂いは、サルビーニ氏の自信過剰と思い込みの激しさがもたらしたものだったと言えるでしょう。

ただし、勝利にこそ至らなかったものの、この選挙でレガが大敗を喫したとは言えません。1位を確保した民主党の得票率は51・4％で、確かに明確な勝利でした。しかしながら、レガも43・7％とまずまずの票を集めたのです。民主党が過半数の票を獲得できたのは、ひとつにはレガの躍進を恐れた有権者の危機感のおかげでした。彼らの危機感が投票率に表れていました。2014年の前回選挙で37％にとどまった投票率が、この時は67％に跳ね上がったのです。従来は、左派の常勝を確信してのんびり構えていた支持層が、大慌てで投票に繰り出したという面があったと思われます。前述の「イワシ族」が必死の打倒サルビーニ運動を展開したことの効果もあったでしょう。いずれにせよ、反レガ派の頑張りがサルビーニ旋風を何とか抑え込んだという形でした。

さらに言えば、2018年3月の国政選挙以降に実施された一連の地方議会選で、レガは快進撃を実現してきているのです。この間に10地域で行われた地方選のうち、敗北したのは実はエミリア＝ロマーニャ州のみでした。「レッド・ベルト」地帯でも、ウンブリア州では勝利を勝ち取ったのです。引き続きサルビーニ人気は高いですし、その鼻息も衰えてはいません。いつ何時、何をきっかけにまたぞろ「中央取り」を仕掛けてくるか解らない。それが実情だと考えておくべきところです。

この点との関係で、もうひとつ気に留めておくべきことがあります。それが、五つ星運動の著しい退潮です。エミリア＝ロマーニャ州の選挙では、得票率が何と3・4％まで沈降してしまいました。2018年3月の国政選挙で、第1位の座を奪取した集団にとって、何とも惨憺《さんたん》たる結果でした。取るべき路線を巡る内輪揉めが絶えず、カリスマ創設者ベッペ・グリッロも活動の第一線から距離を置くようになり、後継者のルイジ・ディマイオも求心力を失って辞任する。このような展開の中での選挙戦でしたから、さもありなんという結果ではありました。そもそも、「無能力エリート集団」として攻撃対象にしていた民主党と連立を組んだ時から、この顚末はみえていたと言えるでしょう。民主党が、社会民主主義政治の年季の入った玄人集団なら、五つ星運動は多分にオーバーラップする領域に生まれた寄せ集め素人集団です。外から批判している分には、新味のあるほうに分がありますですが、組んでしまえば、玄人側が主導権を握るのは、かなりの程度まで想定された展開でした。五つ星運動は2020年春以降の体制立て直しを目論んでいましたが、そこにコロナ問題が湧き起こり、ひとまず立ち往生状態が続いているのが現状です。

この構図は、やはり気掛かりなものです。レガのサルビーニがしぶとく人気を博しているということは、それだけ中間層の右傾化と右翼政治の中央化という2つの現象が、今なお、イタリア社会の体内深くそして幅広く蜘蛛の巣を張り巡らしていることを示唆しています。五つ星運動は、方向感のよろしきを得れば、ひょっとすると、「他意なき・下心なき・純粋な」善きポピュリズムに昇華できた可能性があったかもしれません。そのような展開になれば、民主党にも新たな息吹が吹き込まれて、まともな中央がまともに踏みとどまる構図を生み出すことができたかもしれません。しかしながら、少なくとも目下の現状において、その展望は開けそうにありません。

東に向かってダークさを増す統合欧州の「荒絹のとばり」

みなさんは、志賀直哉という文学者をご存じかと思います。短編小説の名手です。その彼の代表作のひとつに『荒絹《あらぎぬ》』という小説があります。ギリシャ神話の「アラクネ」から着想を得た作品です。荒絹は機織り上手の美しい村娘で、牧童の若者、阿陀仁と恋仲になっています。ところが、近隣の山の女神が阿陀仁に横恋慕してしまいます。このやきもち焼きの女神の手から自分たちの恋を守ろうと、荒絹は綺麗なとばりを織り始めます。しかしながら、怒り狂う女神の呪いが彼女を襲い、その心身をむしばんでいきます。それとともに、華やかだったとばりは、だんだん暗くて汚いドロドロした色調に変貌してしまいます。そして、ついにそれが完成した時、その終点にいたのは、彼女自身も汚い蜘蛛に変身させられてしまった荒絹の変わり果てた姿だったのです。

いきなりこんな話を持ち出してきてどうしたの？　書いている本を間違えたのでは？　さぞかし、そのように思われておいでかと推測します。ですが、そうではありません。統合欧州の今日的風景画を絵巻物を開くように少しずつみていくと、どうも、荒涼のとばりの感がある。ふとそう思えてしまったのです。この荒涼のとばりは、西側から東側に向かって進行すればするほど、色調の暗さが増し、陰鬱な雰囲気が増していく。それが現状だと言わざるを得ません。

この絵巻物を東方移動とともに暗いものにしているのが、前出の「東欧国粋２人組」、すなわち、ハンガリーとポーランドです。この両国においては、ナショナリズムがもはやポピュリズムの隠れ蓑さえまとっていません。言論の自由があからさまに制約され、司法の独立や法の支配も順守されていないのです。このあり様を、既述の通り、ハンガリーにフォーカスしてみていきたいと思います。

ハンガリーのビクトル・オルバン首相は、自分が提唱するのは“illiberal democracy”、すなわち、「自由なき民主主義」だと豪語して憚りません。オルバン首相は、この10年ほどハンガリーの政治を牛耳ってきました。彼が率いる与党のハンガリー市民連盟（Fidesz：フィデス）は、首相の完璧な下僕です。この下僕集団が、ハンガリー議会において3分の2の議席を占めているのです。

２０２０年3月には、コロナ対応ということで、非常事態法が成立しました。その下で、オルバン首相の独裁的権限はさらに強化されることになったのです。この法律に基づいて発令された非常事態宣言の下では、首相は布告を発することで何でもできることになりました。議会審議などを経る必要はなくなりました。鶴の一声ならぬ首相の一声で全てが決まってしまう。まさに、やりたい放題が法制化されたのでした。6月には、ひとまずこの体制が解除されました。しかしながら、首相はいつでも非常事態宣言を再発令することができます。

こうした強権政治が重苦しくのしかかる中で、自由な言論は徹底的に抑え込まれ、人権と民主主義を守ろうとする人々が弾圧されています。欧州委員会も、他のＥＵ諸国も事態を大いに憂いてはいますが、なかなか実効ある制裁措置を打ち出し得ずにいます。強い制裁発動には全会一致による議決が必要ですが、それが実現する目途が立たないのです。なぜなら、「国粋２人組」の相棒、ポーランドが必ず反対に回るからです。

こうして、統合欧州の荒涓のとばりの東端では非常にタチの悪い独裁者たちが黒々と国家主義の蜘蛛の巣を張り巡らしています。恐ろしいことです。ただ、ここで我々は、この恐ろしさの本質を見誤ってはなりません。この連中そのもののタチの悪さもさりながら、問題は、このタチの悪い政治家どもに人々がついていってしまっていることです。彼らに政権与党の立場を許していることです。タチ悪男たちがいくら国粋や排外を掲げても、それに人々が目もくれず耳を傾けなければ、再びウィリアム・シェークスピア大先生のお言葉を拝借して、それは「愚か者の物語。怒りと響きに満ちてはいるが、何も意味などありはしない」（「マクベス」５幕５場、マクベスの独白より。翻訳筆者）と一蹴することができるわけで、何も心配する必要はありません。

ところが、現実にはオルバン氏のメッセージが人々の耳目をとらえてしまっているわけです。さもなくば、彼が率いるフィデス党が議会で前述のような圧倒的多数を占めるはずがありません。不正投票の疑いもありますが、さすがに、それだけで議席の3分の2を席巻することはできないでしょう。

東欧からEU入りした国々の国民の中には、多くの不安や不満や怒りや恐れが渦巻いています。思えば、ベルリンの壁が倒れて以来、彼らは波乱万丈と艱難辛苦の日々にさらされ続けてきました。EUへの加盟要件を整えるために、様々な我慢や変化に耐える必要がありました。しかも、念願かなって加盟してみれば、期待していたほどの経済効果はない。新たな財政負担が発生する。何かと、小うるさくて違和感のある規定に従わなければならない。若者たちが流出していく。逆に移民難民が流入してくる。これから先、一体何がどうなるのか。

泡立ち揺れ動く人々の心を鷲づかみにするのが、似非救世主や偽預言者たちの言葉です。ハンガリーの場合も、難民流入問題がひとつのきっかけとなって、「祖国の救世主」ビクトル・オルバンのイメージが一躍強まることになりました。ハンガリーのイスラム化が進んでしまっていいのか。伝統的なキリスト教的価値観の消失を許していいのか。これらの呼びかけが、人々のハンガリー魂に突き刺さり、「祖国愛」を掻き立てるのでした。こうして人々の不安と不満と怒りと恐れの中に蒔かれたナショナリズムの種は、危険な期待の芽生えをもたらします。「あの人なら、我らの国を強くしてくれるのではないか」「あの人なら、移民難民の大量流入を堰き止めてくれそうだ」「あの人なら、我らの国のことなど何も知らないブラッセル官僚どもをギャフンと言わせてくれるに違いない」。このような期待の凝集が、オルバン首相とフィデス党に鉄壁の政治的支配力を付与してしまったのです。

つまりは、ここにも中間層の右傾化と、それがもたらす中央の空洞化現象がみられるわけです。そして、その空洞を埋めるべく、極右国家主義の黒々しくも濃厚な影がズルリと滑り込んでくる。かくして、統合欧州の荒絹のとばりは、東に向かうほど、暗く汚く彩られてしまいつつあるのです。

キャメロン英首相が描いた「ダビデとゴリアテ」シナリオの破綻

本章の末尾をお飾り願うのが、「孤高のイギリス1人組」です。イギリスは、2016年6月にEU内にとどまるか、EUを離脱するかについて国民投票を行いました。その結果、残留48％、離脱52％でした。「ブレクジット（Brexit）」するという民意が示されたわけです。ブレクジットという言い方は、いまや日本でもすっかり定着していますし、説明を要しないと思いますが、念のために申し上げておけば、これはBritainとexitを融合させた造語です。そもそもの造語は「グレクジット（Grexit）」でした。財政危機に見舞われたギリシャが、ユーロ圏から離脱せざるを得なくなるかもしれない。この懸念が広まる中で、2015～2017年に盛んにグレクジットがメディアを賑わすようになりました。ブレクジットはそのもじりです。

ブレクジットによって、イギリスが「孤高の１人組」となった。このことと、本章で我々が考えている統合欧州において「中央は踏みとどまれるか」という問題は、どう関わっているのか。ブレクジットは、我々が本書の旅で観察している統合欧州の風景画にどんな色合いの変化をもたらしているのか。そこにどんな陰影を投じているのか。

その構図をどう変えているのか。これらのことについて考えていきたいと思います。

２０１６年の国民投票は、２０１３年に当時の政府が公約していたものです。この政権は、２０１０年の総選挙結果を受けて誕生したもので、保守党と自由民主党による中道右派＋中道左派の連立政権でした。二大政党体制の国イギリスにおいて、連立政権が出現したのは戦後初のことでした。当時のイギリス有権者たちは、それまでの労働党長期政権にすっかり飽き飽きしていました。それを反映して、対抗政党の保守党が大きく票を伸ばして、第一党の座を手に入れました。しかしながら、単独過半数には満たなかったのです。そこで、第三政党の自由民主党と連立を組むことにしたのです。

この時、首相の座についた保守党のデビッド・キャメロン党首は43歳で、史上最年少首相の記録を更新しました。副首相に就任した自由民主党のニック・クレグ党首も42歳で、実にフレッシュなイメージの首相・副首相コンビができ上がりました。イギリス社会はこの「若々2人組」の出現に大いに沸き立ちました。ご当人たちも、新鮮味溢れる自分たちには、何でもできるような気分になっていたに違いありません。

しかしながら、この意気揚々ムードはそう長続きしませんでした。左右両中道政党が寄り合ったことが、そのいずれの側においても内部からの反発を招いたのです。保守党側では、党内右派から、キャメロン首相が社民主義にすり寄り過ぎるという声が上がる。自由民主党側では、党内左派から、クレグ党首が社民主義から遠ざかり過ぎるという声が上がる。特に保守党内の右派が声高でした。そして、彼らの声は「反ＥＵのメロディー」に格好の合唱テーマを見出したのです。この合唱がキャメロン首相に突き付けたのがＥＵに関する「残留か、離脱か」の国民投票でした。

キャメロン氏は基本的に親ＥＵ派です。ですから、当初は国民投票を回避しようとしていました。ところが、最終的にはその実施を公約せざるを得なくなりました。それなしでは２０１５年の総選挙に勝利する目途が立たなくなったからです。当時のイギリスでは、保守党内のみならず、その外部でも反ＥＵムードを盛んに盛り上げる政治勢力が蠢き始めていました。このままでは、イギリスはどんどん欧州委員会の言いなりになっていくままだ。カネは出さされるわ、口は出されるわ、人は溢れ込んできて職は奪われるわ。こんなことを放置していていいのか。イギリスをイギリス人の手に取り戻そう。このようなメッセージを掲げたイギリス版「ポピュリズム型ナショナリスト」たちが大いに勢いづくようになっていました。

その筆頭に挙げるべきは、スタンドプレーの名手、跳ね返り者のナイジェル・ファラージ（現ブレクジット党党首）でした。彼が当時率いていたイギリス独立党（ＵＫＩＰ）が、難民大量流入問題やギリシャの財政危機問題に揺れる国民感情を巧みに捉えて、国民投票を大きな争点に仕立て上げていきました。この雰囲気の中で国民投票を拒否し続ければ、保守党は政権を失う。キャメロン首相はそれを許すのか。保守党の党首がそんな裏切り行為に出るのか。こんなふうに追い詰められて、キャメロン首相もついに国民投票の実施を決断せざるを得なくなったのでした。

国民投票を公約すると同時に、キャメロン首相は、EU側に制度改革を持ちかける意向を発表しました。この交渉を通じて、イギリスにとってより制約が少なく、自由度が高い新しい枠組みを勝ち取る。そのことによって国民投票を残留派勝利に持ち込む。これが、キャメロン氏が描いたシナリオでした。しかしながら、結局はEU側から色よい返事は得られませんでした。一定の成果があるにはありました。しかしながら、それで事足りる状況ではありませんでした。キャメロン氏には、イギリス国民の目に焼きつけなければならないイメージがあったのです。男キャメロン、単身、EUに挑みかかる。イギリス男児の魂とパワーをもって、EUという名の巨人をひっ捕まえる。そして、イギリスにとって有利な方向に首尾よくグイと引き寄せる。桟敷席の大向こう、すなわち放っておけばイギリス独立党に流れてしまうかもしれないイギリス庶民に向かって、この大芝居を演じてみせなければいけなかったのです。

ひょっとすると、この時のキャメロン氏は、自分のファーストネームがデビットなだけに、旧約聖書の中に出てくる少年ダビデにあやかりたいと考えていたかもしれない。そう思えてきました。小さなダビデは、巨人ゴリアテを投石の一撃でやっつけてしまい、祖国イスラエルをフェリシテ人たちによる支配から救うのです。思えば思うほど、デビッドが「ダビデでいきたい！」と目論んだに違いないという感が深まります。しかし、残念ながらそうは問屋が卸しませんでした。キャメロン首相は自分が得た成果を最大限ショウアップして国民投票日に向けた「残留キャンペーン」を展開しましたが、それも空しく、前出の「残留48％・離脱52％」という結果になってしまったのです。

ブレクジットは
なぜ円満離婚にならなかったのか

ブレクジットをもたらしたのは、どのような人々だったのか。この点については実に様々な分析や論評が発表されています。決して評価が定まっているわけではありません。今日のイギリス社会がどんな社会なのかという大きくて広い問題につながっていくテーマですから、そう簡単にひとつの解答に収れんすることはないでしょう。筆者もあれこれ思案してきました。現段階で考えていることを共有させていただければ、以下の通りです。

あの国民投票で離脱票を投じた人々は大別して2種類いた。筆者にはそう思えます。「従来型」と「にわか型」の2種類です。従来型は、さらに「従来型良識的離脱派」と「従来型フーリガン的離脱派」に分かれると思います。にわか型をフルネームで言えば、「にわか型憤怒的離脱派」です。

2つの従来型離脱派は、まさしく従来からイギリスがEU加盟国であることに懐疑的だった人々です。そのうち、良識派は、EUにことのほか悪感情や敵愾心を抱いているわけではありません。大陸欧州と島国イギリスは、どうしても体質的に合わない。だから、EUという枠組みにイギリスが我が身を押し込むことには無理がある。そのように考えているのが、良識的離脱派です。だからと言って、大陸欧州勢に対してけんか腰に構えるつもりはない。制度的に統合欧州の一員ならずとも、イギリスは大陸欧州の人々と上手くやっていける。それがいい。そのような思いで、離脱票を投じた。それが従来型良識的離脱派の人々だと推察されます。

「フーリガン的離脱派」のフーリガンはご存じ「フットボール・フーリガン」のフーリガンです。彼らは、サッカーの試合があれば、必ずそこに集結し、グラウンドの内外で暴れ回ります。そして、彼らの圧倒的大多数がEU嫌いです。統合欧州なんぞ糞くらえ。ブラッセルのEU官僚どもなど、イメージしただけで虫酸が走る。打倒EU。イギリス万歳。声高にそう騒いでとどまるところを知らないビール太り著しきおっさんたち。少々、ステレオタイプ化が過ぎますが、「フーリガン的離脱派」とは概ねこんな感じの人々です。

２０１６年の国民投票の時点で、２つの従来型離脱派しか存在していなければ、恐らくブレクジットが実現することはなかったでしょう。これらのいわば伝統的EU懐疑派に加えて、「にわか型憤怒的離脱派」が出現したことが、投票の行方を決したと考えられます。第3章の冒頭部分でプレカリアートに言及したことをご記憶いただいているかと思います。イギリスでも、近年、プレカリアート化する人々が増えているという調査結果が目につくようになりました。そして、「にわか型憤怒的離脱派」は、どうもかなりの程度までプレカリアートによって構成されていた模様なのです。

プレカリアートの重複領域にある言葉に、もうひとつ、「チャヴ（chav）」というのがあります。語源は必ずしも明確ではないのですが、イギリスで生まれた言葉です。「派手な身なりで粗暴な振る舞いばかりする低所得層の若者」という意味合いで、いわば、プレカリアートに対する侮蔑的呼び名です。オーウェン・ジョーンズ著の『CHAVSチャヴ　弱者を敵視する社会』（海と月社）が爆発的なベストセラーとなりました。この著作のサブタイトルが示唆している通り、プレカリアートもチャヴのレッテルを貼られた若者たちも、自分たちが社会の縁辺部に追いやられ、世の中のメインストリームにいる人々に敵視されていると感じています。彼らはその仕打ちに怒っている。憤怒しているのです。そして、その憤怒の矛先を向ける相手を求めてきました。その彼らに、ナイジェル・ファラージのイギリス独立党をはじめとするポピュリズム型ナショナリスト群団が、「悪いのはやつらだ」とばかり、憤怒の持って行き先はEUであると思い込ませた。このような構図がみえてきます。この観点から考えれば、「にわか型憤怒的離脱派」の「憤怒的」の部分を「犯人さがし的」と言い換えてもいいでしょう。

イギリスと言えば階級社会。長くそう思われてきました。上流階級・中流階級・労働者階級。ここの三者は、いい具合の距離感を保って共存している。かつては、これが定番的イギリス観でした。しかしながら、この固定観念はいまや実態にそぐわなくなっています。今のイギリスは、階級社会ではありません。階層社会です。

多層におよび、下に行けば行くほど不幸になる。哀しくも厳しき階層社会です。その最下層に追いやられている人々の憤怒が「犯人さがし」の方向に誘導され、ブレクジットという国民投票結果を生み出した。それがこれまでの経緯だったと考えれば、この間、筆者がどうも解けずにいた謎にひとつの解答が出てきます。

何が謎だったかと言えば、それは、離脱という国民投票結果が出た後のイギリス政治の対応の大人気なさです。「ダビデとゴリアテ」シナリオが外れたデビット・キャメロン氏はその時点で首相を辞任し、後継者のテリーザ・メイ氏も既に退き、現首相は保守党党首のボリス・ジョンソン氏です。自由民主党との連立も解消され、今は保守党単独政権となっています。こうして目まぐるしく変転してきたポスト国民投票のイギリスの政治情勢ですが、政局がどうあれ、この間、イギリス政府のブレクジット対応は何とも意固地で、何とも冷静さに欠け、何とも稚拙なものに終始したと言わざるを得ません。成熟の国、大人らしい諧謔《かいぎゃく》の国、ゆとりある人々の国。それがイギリスであったはずなのに、これは一体どうした体たらくなのか。筆者は、随分とこのようにいぶかしんできました。

しかしながら、彼らの行動が憤怒大なる人々に納得してもらい、怒りを鎮めてもらわなければならないという切迫感に動機づけられてきたものだとすれば、このあり様もそれなりに理解できます。憤怒する人々の憤怒の対象に対して、イギリス政治の怒り方や攻撃性が不十分であれば、自分たちの政治生命が危うくなります。それを避けようとすれば、どうしても、ブレクジットをなるべく非妥協的で強気なスタンスで進めなければなりません。かくして、対EU姿勢が一貫して柔軟性に欠ける頑なものになってしまう。このような力学がみえてきます。

ただ、このように書けば、いかにも、プレカリアートやチャヴが諸悪の根源だと言っている風情になってしまいます。彼らが、やり場のない怒りをぶつける先にEUを選んだのが悪い。彼らが、ポピュリズム型ナショナリストたちを勢いづけたのが悪い。彼らが、ポピュリズム型ナショナリズムの煽動に乗せられたのが悪い。そう糾弾しているように聞こえてしまいます。これは決して筆者の本意ではありません。

ここで目を向けるべきなのは、イギリス政府の責任回避姿勢です。彼らが取り組むべきだった本質的問題は、そもそも、プレカリアート化し、チャヴのレッテルを貼られてしまう人々への支援とその救済でした。彼らがやり場のない憤怒を湧き立たせないでも済むようなイギリス社会。その構築を目指すべきところでした。ボリス・ジョンソン氏が新首相に就任した際、彼はまずこの問題に着眼すべきでした。急速に多階層社会化し、その中を下へ下へと追い落とされる人々が増えていく。この問題を何とかすることを自らの優先課題とすべきところでした。この課題と有言実行的に向き合いつつ、それと並行してＥＵとの大人らしい円満離婚の道を模索すべきだったと思うところです。

ところが、ジョンソン首相にそのような姿勢は皆目みられないまま、今日に至っています。それどころか、むしろ嫌ＥＵ気運を盛り上げることで点数を稼ぎ、自身の人気を持ち上げようとしてきた。そう言わざるを得ません。

思えば、多階層化し、上層部と下層部とのギャップが広がる今日のイギリス社会は、第３章の冒頭でイメージしていただいた中抜き羊羹そのものです。この中抜き羊羹化が、現在進行中の良識と穏当さに欠ける歪んだブレクジットをもたらした。

そのように考えることができそうです。そして、この非良識的で不穏当なブレクジットの姿は、イギリスにおいても、ここまでみてきた北欧や南欧の国々と同様に、中央が踏みとどまれていないこと、中道がセンターを取れなくなっていることを示している。そう考えられます。ただし、相違点がひとつあります。北欧のオランダとオーストリア、そして南欧のイタリアの事例では、中間層が分厚いままで右傾化し、中道の弱体化と右傾化をもたらしていました。それに対して、イギリスでは中間層が分厚さを失っている。中抜き羊羹化が進行する中で、その下端に追い落とされた人々の痛みと怒りが中道政治の持ちこたえる力を弱めているのです。ここ数年来、イギリスでは前出の「チャヴ」をはじめ、多階層社会化と格差拡大をテーマとする書籍が実に数多く出版されるようになっています。この現象の中にも、どこに今日のイギリスが取り組むべき問題が存在するのかがとてもよく表れています。こうしてみれば、非良識的で不穏当で大人気ないブレクジットは、まさに本章のテーマである「中央は踏みとどまれるか」問題のイギリスにおけるひとつの発現形態だと考えるべきでしょう。

ブレクジットを巡っては、まだまだ目を向けておくべき側面が多々あります。大所を2点挙げておけば、中道左派の労働党がこの問題にどう対処してきたか、そして、国民投票の地域別にみた結果がどうなっていたかという点です。しかしながら、それらを逐一検討していては、本書の旅があまりにも長くなり過ぎます。この辺りで、イギリスの離脱が統合欧州の風景画にもたらすものの整理に進み、本章を締めくくりたいと思います。なお、その流れの中では、地域別国民投票結果についても少々言及させていただきます。

「坑道の中のカナリア」がいなくなったEUの行方

筆者は、かねてより、イギリスはいずれEUから離脱するのではないかと考えてきました。そもそも、イギリスが統合欧州の一員になったのが間違いだった。一貫してそう考えてきました。その理由は、前項で取り上げた「従来型良識的離脱派」の考え方に限りなく近いものです。政治と理念と計画性で動く大陸欧州勢と、経済と実利と成り行き任せで動く島国イギリスとが、ひとつ屋根の下でひとつのルールの下で生きていくことには、あまりにも無理がある。それぞれ、別の家を構えた上で、気持ちのいい距離感で近所付き合いすればいい。ずっとこのように考えてきました。ですから、ブレクジットに至ったことには、それなりの「やっぱりね」感と「だから言ったじゃないの」感があります。

しかしながら、前項で縷々申し上げた通り、今のブレクジットはあまりにも大人気なさ過ぎて情けないこと極まりありません。その背後にあるイギリスの経済社会の中抜き羊羹化問題については、既述の通りです。しかしながら、それにしてもあの姿には目も当てられない。こう悲嘆にくれる中で、筆者の見方・考え方にやや変化が生じていることに気がつきました。この気づきは、ブレクジット後の統合欧州の風景画がどうなるか、という本項のテーマに関わりがあります。

これまでの筆者は、イギリスはＥＵから離脱することでより幸せになれると考えていました。一方で、ＥＵ側は不幸せになるかもしれない。そうも考えていました。なぜなら、イギリス抜きの統合欧州には異分子がいなくなるからです。異分子の存在は、ある集団や共同体がどの程度バランス感覚を保てているか、一定の方向に極端に傾いていないかを示すバロメーターの機能を果たしてくれます。構成員がみな、似たりよったりの考え方や行動様式を取る集団は、一定方向に偏りがちです。全く違う感性で異を唱える者がいることが、共同体としてのバランスの保持に貢献します。何かがおかしくなっている。少し落ち着いて考え直したほうがいい。そのように警告してくれるのが異分子の存在です。いわば「坑道の中のカナリア」役を果たしてくれる。それが異分子です。「坑道の中のカナリア」がいなくなった後の統合欧州は、有毒ガスが発生していてもそれに気づかず、どんどん危険な方向に向かって突き進んでしまう場面に遭遇するかもしれない。それは不幸なことだ。筆者はそのように考えてきました。そもそも、異分子と上手くお付き合いできてこそ、本書の「はじめに」で言及したEUのモットー"United in Diversity"が成り立つわけです。異分子を包摂できない統合欧州に、どこまで強靭な求心力が備わり続けるか。この観点からも、イギリス抜きのEUの安泰に筆者は疑問を抱いてきたのです。

以上の発想にしたがってポスト・ブレクジットの統合欧州の風景画をイメージするとどうなるでしょうか。どこかバランスの崩れた、どこか歪みやねじれが目立つシュールレアリズム絵画の雰囲気が出てくることになりそうです。一方で、ブレクジットしたイギリスの風景画はすっかり落ち着いて、牧歌的で田園的になる。イギリスが誇る風景画の三大巨匠、ターナー、コンスタブル、ゲインズボロが描き出す世界がそこに広がることになる。こんなイメージになります。

しかしながら、今のイギリスをみていると、ポスト・ブレクジットの風景がそのようなものになるとは、到底、考えられません。EUとの間でも、何かともめごとが絶えず、ギクシャクした関係が続くことになりそうです。幸せになれそうではありません。EU側はどうでしょう。ヒステリックな厄介者が出て行ったことで、平穏で心地いい仲間感に満たされた風景を満喫できるようになるのでしょうか。実は、そうでもなさそうな気配について、次章で考えることになります。

もうひとつの注目点が、前述の通り、2016年の国民投票結果の地域別状況です。イギリスという国は、スコットランド・イングランド・ウェールズ・北アイルランドの4地域から成り立っています。これら地域間の関係には実に込み入った歴史的背景がありますが、それはこの際さておくとして、各地域における投票結果をみれば次の通りでした。

イングランド：離脱53・4％、残留46・6％
ウェールズ：離脱52・5％、残留47・5％

スコットランド：離脱38・０％、残留62・０％
北アイルランド：離脱44・２％、残留55・８％

ご覧の通り、離脱が残留を上回ったのはイングランドとウェールズで、スコットランドと北アイルランドでは残留が過半数を占めました。スコットランドでは残留派が６割強を占めたのです。当然ながら、後者の２地域では、ブレクジットしてしまったことに対する不満が充満しています。場合によっては、この両地域がイギリスという国から離脱するという成り行きも全くあり得ないものではなくなってきています。すなわち、「スコジット」と「北アイルジット」です。もしもそのようなことになれば、ＥＵ側の国々の中でも、エクジット旋風が勢いづくかもしれません。カタルーニャ地方がスペインからエクジットする。既にみたレガ発祥の地である北イタリアがイタリアからエクジットする。ベルギーが、フランドルとワロニアという２つの国に分裂する。様々な「○○ジット」が出現してくるかもしれません。そうなれば、統合欧州の風景画は、さぞかしザワザワして波乱万丈のものになることでしょう。それはそれでなかなか悪くない展開かもしれません。"United in Diversity" について欧州人たちが本気なら、このような新展開も果敢に包摂すればいいのではないかと思うところです。

第５章
パンデミックで明らかになったＥＵの未来

財政統合という名の終わらない宿題

第3章と第4章では、4・3・2・1の4組の国々を代表する各国について、その中央が踏みとどまれているのか否かを考えました。いずれも、その中央はなかなか危うい。いずれも大きな経済社会的な、そして政治的な歪みを抱え込んでしまっている。これらのことが判明しました。この点を意識しつつ、本章では新型コロナウイルス問題への対応を巡る4対3対2の三つ巴の攻防に着目したいと思います。この攻防には、第2章でみた独仏枢軸も間に入って関与しました。一連の経緯の中で、統合欧州の結束は高まったのか。パンデミックという欧州統合史始まって以来の危機との闘いを機に、EU諸国は統合深化への足掛かりをつかめたのか。これらのことが本章のテーマです。

まずはおさらいしておきましょう。4・3・2は、「北欧ケチケチ4人組（オランダ・オーストリア・スウェーデン・デンマーク）」、「南欧ラテン系3人組（イタリア・スペイン・ギリシャ）」、「東欧国粋2人組（ハンガリー・ポーランド）」でした。この中で、新型コロナウイルスによる痛手を最も広く深く被ったのが南欧の3人組です。

コロナの災禍に対する共同対応について、EUレベルでの検討が始まったのが、2020年3月から4月にかけてのことでした。このような非常事態ですから、EUが共同体である以上、一丸となって対応のための体制を整えるのは、ごく当たり前のことに思われます。言い換えれば、それがスムーズに進まないようでは、共同体の名が廃るというものでしょう。ところが、実際に共同対応に形がついたのは7月に入ってのことでした。この間を通じて、ケチケチ4人組とラテン系3人組のにらみ合いが続いたのです。大詰めを迎えた段階では、国粋2人組が参戦して論議を混迷させせました。

この間の経緯追跡に入る前に、少し、問題の所在を整理しておきたいと思います。

共同体であるはずなのに共同対応の取りまとめが難航するのは、むろん、ひとつには国々のエゴと自国優先主義のためです。いざという時に一致団結できてこその統合欧州であるはずですが、その実、有事になればなるほど、自分のことしか考えられなくなる。これまでも、それがEUの実情でした。そして、これは何も、EUという連合体に固有の特異な生態ではないでしょう。寄り合い所帯には、どうしてもこうした心理と力学が伴います。他方、そこには、特殊EU的な事情も作用していました。それが財政統合問題です。これは、EU全体の問題でもありますが、特に、単一通貨ユーロを共有する19ヵ国にとって大きなテーマとなってきました。

複数の経済領域が単一通貨圏として安定的に機能できるためには、満たすべき条件が2つあります。これらのいずれかひとつが満足されていなければ、複数の経済領域を横断する単一通貨圏は持続性を持ち得ません。それらの2つの条件は、①経済実態の収斂度が高いこと、そして②中央所得移転装置が構築されていることです。①が満たされていればそれでいい。①が満たされていないにもかかわらず通貨統合を敢行するなら、②を整えなければなりません。

経済実態の収斂度が高いというのは、平たく言えば、経済的な状況がよく似ているということです。A国とB国の間で、主要な経済指標の数値が概ね等しい。その時、両国の経済収斂度は高いと言えます。経済成長率、物価水準、金利水準、失業率。このような指標が限りなく同値に近ければ、A国とB国が通貨統合することは合理的な選択です。経済実態がよく似ているということは、とりもなおさず、この両国の通貨の購買力は概ね等しいということです。購買力がほぼ等しい2つの通貨は、ひとつの通貨に統合してしまっても大きな問題は生じません。むしろ、購買力が同じなのに、2つの通貨があることのほうが、面倒なばかりであまり意味がありません。A国の通貨とB国の通貨の価値が完全に等しくて交換比率が1対1であるなら、国境を越えた取り引きをする度にいちいち両替しなくても、ビジネスは成立します。それなら、A国通貨かB国通貨か、どちらかを両者の共通通貨としてしまえばいい。どちらも、自国通貨を放棄して相手通貨を受け入れるのはイヤだと意地を張るなら、第三の単一通貨を作り出せばいいわけです。

ところが、A国とB国の間に経済実態の大きな隔たりがあり、両国通貨の価値が大きく乖離している場合には、こうはいきません。この場合には、両国の経済実態を少しでも近づけるために、通貨価値が高いほうの国から低いほうの国に所得移転を行い、両者の間の経済格差を埋めなければいけません。つまり、通貨統合を成り立たせるための第二要件を成立させなければいけないわけです。金持ち国のほうから徴収した税金を使って、貧乏国のために補助金を出したり、公共投資を行ってインフラ整備を行う。そのような形で所得移転を行うことで経済的な乖離をならすことが必要です。実際に、ベルリンの壁が倒れて東西ドイツが統合された時、この通りのことが行われました。西ドイツ側で新たに「連帯税」という東ドイツ支援目的の税金が創設され、それを資金源とする大々的な東独再開発事業が展開されることになったのです。しかしながら、それでも、東西両ドイツ間の経済格差は充分には埋まらず、今なお、東ドイツ側に不満がくすぶり続けています。この点については第2章でも取り上げました。

さて、ここで今日のユーロ圏について考えてみましょう。ユーロ圏の中で、通貨統合の第一条件、つまり経済収斂度が高くて通貨価値が限りなく均等だという条件は満たされているでしょうか。明らかにそうではありません。ユーロ圏19ヵ国の顔ぶれは次の通りです。

オーストリア・ベルギー・キプロス・エストニア・フィンランド・フランス・ドイツ・ギリシャ・アイルランド・イタリア・ラトビア・リトアニア・ルクセンブルク・マルタ・オランダ・ポルトガル・スロバキア・スロベニア・スペイン

これだけ多数でこれだけ多様な国々の間で経済実態の完璧な収斂が実現するわけがありません。現実問題として、例えば、ドイツとギリシャやイタリアとの間には大きな格差があります。それを反映して、国債の利回りにも、大きな開きが発生しています。

つまりは、第一条件が満たされていないわけですから、本来であれば、今日のユーロ圏には中央所得移転装置が存在していなければいけないはずです。中央所得移転装置を言い換えれば、統一財政です。ユーロ圏を対象とする統一財政が存在し、それを通じて所得移転が行われる。ユーロ圏内に経済格差が存在する以上、それを埋めるための所得移転が機能しなければ、単一通貨圏としての安定性はどうしても限界が残る。だから、欧州統合を完成の領域まで持っていくには、一方で通貨統合を進めてしまった以上、どうしても、財政統合が必要だ。こういうことになります。確かに、この論理はもっともです。統合をそこまで深める必要があるかないかという問題をひとまずさておき、あくまでも、欧州統合を徹底完結させることを前提とするなら、以上の立論は筋が通っています。

しかしながら、財政統合に対しては加盟国の中に根強い忌避感があります。EU内の相対的富裕国について、これは想像に難くないところでしょう。国々の財政がEUレベルに一本化されてしまえば、富裕国は税金を取られるばかりで、EU財政による所得移転の恩恵にあずかる場面は滅多にないでしょう。出しっ放しで実入り無し。これでは、たまったものではありません。ただ、財政統合問題は、こうした損得勘定の域にとどまる問題ではありません。通貨主権と同様、財政主権は国家の国家としての存立に関わる問題です。国民のためにカネをどう使うか。そのためにどのように徴税するか。これらのことについて裁量権を失うとなれば、たとえ所得移転の受け手側が定位置となりそうな国々であっても、やはり抵抗が大きくて当然です。ユーロ圏に加入している国々の場合、通貨統合は受け入れて通貨主権は既に放棄しているわけですから、前述の理屈に従って財政統合も受け入れるのが筋ではあります。ですが、それでも、あるいはそれだからこそ、つまり通貨主権を放棄した上に、さらに財政主権までは手放したくない。そのような心理が働いて不思議はありません。ひょっとすると、どうしても財政統合に進むなら、ユーロ圏から離脱すると言い出す国が出てくるかもしれません。ましてや、ユーロ圏外にとどまっている国々には、財政統合を受け入れる合理的な理由がありません。かくして、この財政統合問題は、永遠に終わらない宿題のように、くすぶり続け、居座り続けて統合欧州を悩ませてきたのです。

コロナ対応共同基金が浮き彫りにした「4人組対3人組」の対立

さて、コロナへの共同対応問題に話を戻しましょう。これがEUにとって難題となったのは、前項で確認したばかりの財政統合問題がそこに絡んでいたからです。共同対応の設計の仕方によっては、そこから、多くの国々が鬼門視する財政統合へと道が開けてしまう可能性があったためです。

ことの発端は、9ヵ国のEU加盟国による共同提案でした。その9ヵ国とは、フランスを筆頭に、南欧ラテン系3人組のイタリア、スペイン、ギリシャ、そして、ポルトガル、アイルランド、スロベニア、ルクセンブルグ、ベルギーでした。3月末に示されたもので、コロナの被害にEUが共同で立ち向かうための基金の創設を提唱しました。注目されたのが、そのための資金調達を欧州委員会による債券発行によって賄うとしていたことです。これまでも、ＥＵ内で国々が財政支援を要する状態に陥り、そのための共同基金が組成されるということは、ままありました。しかしながら、その際の従来のやり方は、加盟各国から経済規模などに応じた資金拠出を求めるというものでした。ＥＵが共同体として独自に起債して、資金を確保するという方式が取られたことはありません。

こうした「ＥＵ債」の発行が実現すれば、ＥＵは加盟各国からの資金拠出に頼らずに必要資金を手に入れることができます。これまでのやり方では、結局のところ、調達できる資金の規模や調達条件は加盟各国の意向に依存していました。要するに、主導権は基本的に加盟各国が握っていたわけです。この色彩が強ければ強いほど、ＥＵは政府間機関に近くなり、統合体としての性格は薄まることになります。それに対して、ＥＵ債の発行が実現すれば、ＥＵの実態はぐっと統合体のほうに引き寄せられることになります。そして、統合欧州が各国の資金調達力とは別個に独自の資金集めのルートを持つとなれば、それは財政統合への門戸がずいと大きく開くことにもつながるわけです。それだけに、ＥＵ債的なものに関する提案はこれまでも出ては消え、消えては出ながら、結局は実現することがありませんでした。

しかしながら、今度こそ、実現に向かって道が開けるかもしれない。そのように考えたのが、フランスのマクロン大統領だったと推察されます。本書の冒頭から申し上げている通り、マクロン氏は欧州統合を今よりなお深くなお高い次元に引き上げることに熱意を燃やしています。そして、より高次の統合を実現するには、通貨統合に対応した財政統合が欠かせないという確信を、折りに触れて表明してきました。そんなマクロン氏ですから、コロナ問題への共同対応案を練る場面を、財政統合に向かって道をつける好機到来と捉えて不思議はありません。

第2章で、筆者はマクロン氏を盛んに中軸的コミットメントに欠ける「何でもない男」呼ばわりしました。ですが、こうしてみれば、少なくともEU統合の制度的深化については、相当にコミットメントが強いとみてよさそうです。前述の通り、財政主権を手放すことは、国家にとってその存立を脅かす問題です。それを承知で、敢えて財政統合を積極的に提唱しようというのですから、その意気込みはかなりのものだと言えそうです。もっとも、そこにはマクロン流の目立ちたがりとパフォーマンス好きも多分に作用していたでしょう。大きなことを打ち出す機会を常に追い求めているマクロン大統領にとって、その意味でも、ここは好機到来の場面にみえたに違いありません。いずれにせよ、この９ヵ国共同提案を財政統合に向けての初めの一歩として、最も強く意識したのがマクロン氏だったと考えてよさそうです。

これに対して、他の８ヵ国は、それぞれ微妙に異なる思惑を抱きながらこの提案に参加したものと考えられます。まず南欧ラテン系３人組に関して言えば、彼らはさしあたり背に腹は代えられない状況に追い込まれていました。何はともあれ、助けを必要としている。医療体制を整えるにしても、ロックダウンに伴う経済的ダメージを食い止めるにしても、資金確保が急務になっている。だが、３人組のメンバーはいずれも財政事情が厳しい。特にイタリアがそうです。新たに資金を手当てしなければいけません。ところが、財政事情が厳しいということは、とりもなおさず、自力での新規資金の調達も難しいことを意味します。台所事情が苦しい者が借金をしようと思っても、相手は躊躇します。融資に同意してもらうためには、高い金利を約束しなければいけません。そして、そのことがさらに台所を火の車状態に追い込むことになります。

このような状況下にあり、しかも資金確保は急を要する。こうなれば、財政統合に道がつくことを警戒したり、そのことに拒絶反応を示したりするような贅沢は許されません。何はともあれ、なるべく早々に資金が流れてくる体制をつくってもらえるようにしなければならない。藁をもつかむ思いでこの共同提案に飛びついたものと思われます。

他の5ヵ国も心境は様々だったと考えられます。総じて言えば、財政統合についてマクロン氏ほど強くコミットしてはいないとみて大過ないと思われます。要は、何はともあれ、今は共同歩調でコロナ危機を乗り越えるべき時だ、という思いで共同提案に参加したものと考えていいでしょう。ＥＵ債による資金調達についても、どちらかと言えば、今回限りならやむ無しというスタンスだったと考えられます。国々の個別財政事情によって、コロナの災禍への対応力に差が出るのは避けるべきことだ。この思いも強かったでしょう。同じ統合欧州のメンバーなのに、国力や財力によって格差が生じるのでは、何のための統合欧州か解らない。今こそ、助け合いの時だ、という考え方です。

この９ヵ国提案に対しては、北欧ケチケチ４人組が明確な反対姿勢を取りました。彼らからみれば、この提案は、どうしても、財政事情が厳しい国々による健全財政諸国の信用力に対する「ただ乗り」構想にみえてしまうのです。「コロナ債」と呼ばれるようになった９ヵ国提案のＥＵ債が高い格付けを確保し、好条件で発行できるとすれば、それは、もっぱら自分たち健全財政国の信用力が評価されてのことになる。ところが、そのような形で調達された資金は、その多くの部分が南欧諸国に回ることになる。自分たちはあまりその恩恵に浴さない。いくらコロナの打撃の差が大きいとはいえ、これではいかにも偏り過ぎではないか。ケチケチ４人組がそう感じても、無理からぬ面は確かにありました。自国民たちが納得しないという問題もありました。キリギリス諸国のために勤勉なアリ諸国が犠牲になるなら、そんなＥＵにはおさらばしたい。そんな気運が高まってしまう懸念もありました。南欧勢においても同様です。実際に、イタリアでは、こんなにも我々に冷たいＥＵなら、「イタジット」したほうがいいという世論が広がっていたのです。かくして、「コロナ債」を巡っては、その提案側でも棄却側でもEU離れが進みそうな気配が出てきてしまうというあり様でした。

この危機的硬直状態に転機をもたらしたのが、独仏枢軸でした。より正確に言えば、メルケル独首相の決断でした。2020年5月19日、独仏両国はコロナ対応のためにEUが総額5000億ユーロの基金を設定することを共同提案しました。そのための資金は欧州委員会が債券発行によって調達することとしました。このような内容の共同提案者になることは、「財政統合」嫌いであるはずのメルケル首相にとっては、実に大いなるポジション変化です。EUの結束保持のための大英断でした。

これを受けた欧州委員会は、基金の総額をさらに7500億ユーロまで増額した提案を行い、そこからEU加盟国27ヵ国間の交渉が始まることになりました。そして、7月21日、ついに合意に到達し、"The Next Generation EU"(「次世代のEU」)と名づけられたコロナ対応基金構想が成立しました。最終的には、5日間におよぶマラソン協議を繰り広げる展開でした。資金は欧州委員会の債券発行で賄うことについても、合意に至りました。コロナへの共同対応に関するもうひとつの争点が融資か贈与かという問題でした。ラテン系３人組は返済不要の贈与部分を大きくすることを要請し、ケチケチ４人組はそれを強く拒否する姿勢を貫いていましたが、これについても、贈与枠を融資枠より大きくすることで何とか合意に至ったのです。

これを機にEUは財政統合に向かうのか

これは、EUにとっての「ハミルトン的瞬間か」。コロナ対応基金に関する合意成立前後に、盛んにこの言い方が飛び交いました。ここに登場する「ハミルトン」はアメリカの初代財務長官、アレキサンダー・ハミルトンです。彼の采配の下で、全米諸州の既存債務を合衆国政府の債務に切り替えることになりました。1790年のことです。各州が発行した州債の保有者は、それに代わって同額分の財務省証券を受け取ったのです。こうして連邦レベルでの中央財政というものが誕生したことによって、アメリカは、それまでの単なる諸州連合体から合衆国化に向かう大きな第一歩を踏み出した。このように言えるとすれば、それになぞらえて、「コロナ債」に関する合意成立の時点を、統合欧州の「ハミルトン的瞬間」だと言えるのか。

つまりは、欧州連合から欧州合衆国に向かう第一歩を踏み出したと言えるのか。そうではないのか。この点を巡って、大いに論議が盛り上がっているのです。

果たして、どうでしょうか。少なくとも、「ケチケチ4人組」は絶対にそうではないと言いたい。その構えを前面に打ち出しています。欧州委員会による債券発行は、あくまでもコロナ対応の1回限りで、このやり方が常態化することを認めたわけではない。繰り返しそう主張しています。支援金の払い出しについても、4人組の要求で、国々に拒否権が付与されました。被支援国がカネの怪しげな使い方をしている。そうみた国は、払い出しに待ったをかけられることになりました。3人組への4人組の不信感は深いのです。

一方で、ドイツは微妙な沈黙を保っています。何しろ、ドイツのスタンス変化によって成り立った合意ですから、それにケチをつけるわけにはいきません。さりとて、財政統合に明確な祝福を与えることはしたくない。さしあたりは、沈黙こそ金なりというところでしょう。メルケル首相としても、残り少ない任期の中で、21世紀欧州のアレキサンダー・ハミルトンとして記憶に残るようになってしまうことには抵抗があるでしょう。いつも、ギリギリのところで必要最小限のスタンス調整をもって統合欧州の結束を保持する。この何とも厳しいお手玉を、今回もまたメルケル氏がやってのけた。それがこの間の展開でした。独仏枢軸の相棒であるマクロン仏大統領は、統合深化に向けて常に前傾姿勢を前面に出します。それを絶妙な呼吸で牽制しながら、統合の実態を無理のないところに収めていく。それがメルケル首相のスタンスです。ですから、今後とも、「ハミルトン的瞬間」論に彼女が与するとは考え難い。そう思われます。

制度的統合の深化が魂の統合を破壊する

それはそれとして、より本質的な問題は、そもそも、EUに「ハミルトン的瞬間」が到来していいのかどうかという点です。欧州連合が欧州合衆国化する。それをゴールに定めることが、果たして、望ましいのか。この問題です。筆者は、かねがね、そうではないと考えてきました。コロナ対応を巡って繰り広げられてきた今回の「4対3」のドラマをみていて、この思いはむしろあらためて深まった感があります。関係者は"The Next Generation EU"が成立したことを大いなる成果だと強調し、これによって統合欧州の求心力の堅固さが証明されたと謳い上げています。「次世代のEU」というネーミングにも、今この時がEUの「ハミルトン的瞬間」になることを願う人々の思い入れが表れています。これをもって、統合欧州は新たな次元に入り、新たな時代を迎える。そのことを印象づけたい。その思いが、この命名に滲み出ています。

彼らの気持ちはわかります。ですが、筆者には、どうもEUの制度的統合が形を整えれば整えるほど、その心情的統合は度合いが低下し、崩れていくようにみえてしまいます。ギチギチと形を整えなくても、自然体で仲良くできる。いざという時には、結束できる。支え合える。そのような欧州であってほしいと思います。

制度的統合の形を整えれば整えるほど、その形にどうしても誰かが不平不満を抱くことになります。その不平不満が鬱積すると、それは次第に毒化して欧州人たちの魂の統合を破壊していく。そのように思えます。実際問題として、今回の「次世代のEU」合意に至る過程では、相当にケンカ腰のやり取りが繰り返されたようです。マクロン大統領が机を叩いて声を荒らげる場面もあったと報じられています。

4人組と3人組の間に深い不信感の溝が残ったことも否定できません。4人組としてみれば、制度的な縛りができてしまったから、致し方ない。自分たちにはさしたる恩恵のない所得移転を容認するほかはない。だが、3人組がこの所得移転をコロナ対応以外の目的で無駄使いするようなら、直ちに資金の払い出し差し止めを要求する。厳しい監視の目を向け続けるぞ。このような構えの中に魂の統合は宿りません。

３人組側にも、強いわだかまりが残っているでしょう。こんな状況の下でも、４人組はケチケチ姿勢を貫くのか。北欧は南欧を見放すのか。北欧は南欧を人間視していないのか。そのような怒りがなお渦巻いているでしょう。このようなドロドロした思いの中に、魂の統合が形成される余地はありません。

仕組みがあるから、やむを得ない。このような姿勢ではなく、心からお互いを思いやり、お互いに支え合う。制度などなくても、今回のパンデミックのような状況下では無条件で助け合う。そのようであってこそ、真の「統合」欧州だと言える。真の仲間同士だと言える。筆者にはそう思えてなりません。そのような欧州の姿をみせてほしいものです。

東欧の国粋国家の封じ込めに苦渋する「次世代のEU」

最後に、今回の合意に関するもうひとつの問題をみておきます。「4対3」の対立とは別の角度からこの合意に影を落としたのが、ハンガリーとポーランドの東欧国粋2人組でした。欧州委員会は、「次世代のEU」基金からの受益要件として、民主主義と法の支配の遵守を明記したいと考えていました。ところが、国粋2人組の抵抗によって、この要件は極めてあいまいなものにとどまってしまいました。

本書の「はじめに」でマクロン大統領の「今、我々は真実の瞬間を迎えています。EUは政治的プロジェクトなのか、単なる市場づくりプロジェクトなのか。それを決定しなければなりません。私は政治的プロジェクトだと考えています」という発言をご紹介しました。この考え方を貫くのであれば、「次世代のEU」が独裁政治と国粋主義を容認するわけにはいきません。国民から言論の自由を奪い、司法から独立を剥奪し、基本的人権を侵害するような政治のあり方を放置することは許されないはずです。そのような横暴をほしいままにする国々を所得移転の対象としていいはずはありません。

しかしながら、今回の合意の中には、この方針が堅固に明確に組み込まれているとは言えません。「2人組」の抵抗によってそれができませんでした。今後、関連規定を強化する方向で動くようではありますが、成否の行方はいたって不透明です。予断を許しません。このように大きな問題を放置したままで、制度の枠組みを固めるのであれば、「次世代のＥＵ」に希望を託するわけにはいかないでしょう。このような状態のままで、ＥＵが「ハミルトン的瞬間」を迎えてしまったのでは、魂の統合は遠のくばかりです。

おわりに

本書の第4章で、今日の統合欧州の風景画を覆う「荒絹のとばり」が東にいけばいくほどダークでドロドロした色調になっていくという問題を取り上げました。ハンガリーとポーランドをはじめとする国粋主義的独裁体制を取る国々の存在が、民主主義の輝きに悍《おぞ》ましい影を落としているのでした。

これは地理的・空間的問題です。これに加えて、時系列的な観点からみても、統合欧州の風景がまとう「荒絹のとばり」は、どうも次第に暗さを増してきたように思います。ウィンストン・チャーチルの「欧州よ、統合せよ」の呼びかけに応えて歩み出した時、そこには、希望色がありました。紆余曲折は多々あり、様々な形で難航もありましたが、恒久和平を目指して踏み出すという意気込みが、あの時の欧州風景に輝きを与えていたと言えると思います。市場統合から関税同盟の結成に向かう1960年代を通じては、統合がもたらした経済成長が風景画にさらに一段の明るさを与えていました。

しかしながら、初期効果が薄れていき、通貨統合や財政統合や銀行同盟などという厄介なテーマについて考えなければならない段階に入ると、次第に様々な対立や疑心暗鬼が風景画のダークさを増すようになってきました。東西ドイツの統一という歴史的な一大衝撃、そして東欧に向かってのEUの大拡大という展開も、風景画の色合いを様々な形で濁らせ、混沌とさせる要因になりました。それと同時に、風景画の構図も次第に大いなる歪みを帯びるようになってきました。「荒絹のとばり」に捻じれやほつれが生じるようになりました。

そして、パンデミックに一丸となって立ち向かうべき今、「荒絹のとばり」は、残念ながら、どうも、一段と暗さと歪みを増しているようにみえます。コロナ対応のための共同基金構想は、確かにまとまりました。ですが、第5章でみた通り、その過程では北欧勢と南欧勢の間に大きな亀裂が走りました。「荒絹のとばり」に切れ目が出現してしまったのです。この切れ目をつくろうことはできるでしょうか。応急処置は、今回もドイツのメルケル首相が施してくれました。メルケル氏の存在は、暗さ深まる「荒涓のとばり」の中の一筋の光明です。歪んでいく構図のバランスを支えてくれるつっかえ棒です。マクロン仏大統領のどんなに熱くて声高な統合深化の勧めよりも、メルケル氏の静かで着実な修復作業が、「荒涓のとばり」の完全崩壊を食い止めています。

しかしながら、メルケル氏のドイツ首相としての任期は２０２１年で終わります。遅くとも２０２１年11月には総選挙が行われることになりますが、彼女はこの選挙には立候補しない予定です。メルケル氏抜きの統合欧州の風景画は、一体どんなものになってしまうのでしょうか。あまり想像したくない気もします。

第２章でみた通り、２０２２年にはフランスで大統領選があります。この選挙に、もしかして、ひょっとして、極右政治家のマリーヌ・ルペン氏が勝利してしまったら、どうなるでしょうか。その可能性が全くないとは言い切れません。その時、メルケル氏の後継者は誰になっているでしょうか。その後継者に、ルペン氏のナショナリズムを撃破する力量が果たして備わっているでしょうか。その時、独仏枢軸はどうなるのでしょうか。

統合欧州の風景画を巡る気掛かりポイントは、当分の間、尽きそうにありません。制度的統合の深化に彼らがこだわればこだわるほど、魂の統合は遠のく。風景画の安泰は脅かされる。今回の探索と発見の旅を通じて、筆者はあらためてこの確信に達しました。以前からも、筆者は、統合の深化を求めれば求めるほど、無理が生じてくると考えてきました。そして今回、この関係を制度的統合と魂の統合の綱引きという構図でとらえることができました。

この構図の発見に到達する機会を、詩想社の金田一一美さんに与えていただきました。心から感謝しています。そして、この間、驚異的な忍耐力を持ってこの旅の完結をお待ちくださったことにも、深く深く御礼申し上げます。有難うございました！

２０２０年８月

浜　矩子

詩想社新書

詩想社新書発刊に際して

詩想社は平成二十六年二月、「共感」を経営理念に据え創業しました。なぜ人は生きるのかを考えるとき、その答えは千差万別ですが、私たちはその問いに対し、「たった一人の人間が、別の誰かと共感するためである」と考えています。

人は一人であるからこそ、実は一人ではない。そこに深い共感が生まれる――これは、作家・国木田独歩の作品に通底する主題であり、作者の信条でもあります。

私たちも、そのような根源的な部分から発せられる深い共感を求めて出版活動をしてまいります。独歩の短編作品題名から、小社社名を詩想社としたのもそのような思いからです。

くしくもこの時代に生まれ、ともに生きる人々の共感を形づくっていくことを目指して、詩想社新書をここに創刊します。

平成二十六年

詩想社

浜 矩子（はま　のりこ）

1952年生まれ。一橋大学経済学部卒業。75年、三菱総合研究所入社。ロンドン駐在員事務所長兼駐在エコノミスト、経済調査部長などを経て、2002年より同志社大学大学院ビジネス研究科教授。専攻はマクロ経済分析、国際経済。主な著書に、『人はなぜ税を払うのか』（東洋経済新報社）、『「共に生きる」ための経済学』（平凡社）、『「通貨」の正体』（集英社）などがある。

詩想社
― 新書 ―

34

統合欧州の
危うい「いま」

2020年11月28日　第1刷発行

著　　者　浜 矩子
発 行 人　金田一一美
発 行 所　株式会社 詩想社
〒151-0073　東京都渋谷区笹塚1—57—5 松吉ビル302
TEL.03-3299-7820　FAX.03-3299-7825
E-mail info@shisosha.com

D　T　P　中央精版印刷株式会社
印刷・製本　中央精版印刷株式会社

ISBN978-4-908170-30-0

詩想社新書

22
「日米基軸」幻想
進藤榮一
白井聡

「米国について行けば、幸せになれる――」。戦後日本人が抱き続けた幻想の正体。アングロサクソン支配の世界構造が激変する中、なぜ、日本は米国に盲従するのか。「日米基軸」という幻想に憑かれたこの国の深層を解き明かす。

本体920円+税

23
成功する人は、「何か」持っている
野村克也

「素質」でも「運」でもない「何か」が人生を決める。プロテストを受け、なんとかプロ入りを果たした無名選手の著者は、いかに名選手ひしめく球界を這い上がったのか。プロ最下層から夢をつかんだ自身の物語を初めて明かす。

本体920円+税

26
株式会社化する日本
内田樹
鳩山友紀夫
木村朗

私たちはいつから、株式会社・日本の従業員になったのか。人々に従業員マインドが蔓延し、急速に劣化した政治。成長を追求してきた資本主義は行き詰まり、対米自立の夢は挫折した。平成という特異な時代の実像から戦後日本の深層を読み解く。

本体1000円+税

28
25%の人が政治を私物化する国
植草一秀

25%の「今だけ、金だけ、自分だけ」を行動理念とする人々が国政を私物化し、政治家、財界人、官僚など社会の中枢を担う人々が自己利益の追求に血道を上げている。どうすれば多数の有権者のための政治を取り戻せるか考察する。

本体920円+税